Rosalba Guzmán Soriano

Die Märchenhexe

Mit Illustrationen von Jorge Dávalos
Aus dem Spanischen übersetzt von
Gertrud Schwarzenbarth

Rosalba Guzmán Soriano

Die Märchenhexe

Mit Illustrationen von Jorge Dávalos
Aus dem Spanischen übersetzt von
Gertrud Schwarzenbarth

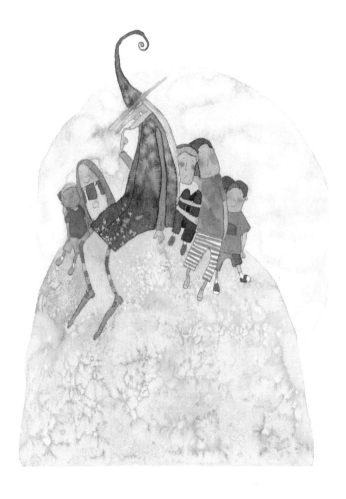

Impressum

Herausgegeben von terre des hommes
© Rosalba Guzmán Soriano
Die Rechte liegen bei der Autorin.
Alle Nachdrucke sowie Verwendung
in Funk und Fernsehen und sonstige Verwertungen
sind genehmigungspflichtig.
Alle Rechte vorbehalten.

Redaktionsassistenz und technische Betreuung:
Désirée Meyer-Borgmann
Umschlaggestaltung: Olaf Thielsch
Illustration: Jorge Dávalos Córdova
Illustration Landkarte: Carolina Fuentes
Übersetzung: Gertrud Schwarzenbarth
Berater: Peter Strack
Textgestaltung: Lukas Loss
Projektleitung: Hans-Martin Große-Oetringhaus
Druck: Format Publishing GmbH, Jena

terre des hommes Osnabrück, 2012
ISBN 978-3-941553-12-5
tdh-Bestellnummer: 222.1573.00

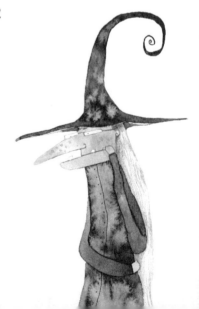

Danksagung

Wir danken der Autorin Rosalba Guzmán Soriano, dem Illustrator Jorge Dávalos, der Übersetzerin Gertrud Schwarzenbarth und dem Berater des Buchprojekts Peter Strack, dass sie ihre Arbeiten terre des hommes kostenlos zur Verfügung gestellt haben, damit der Erlös des Buches der Projektarbeit von terre des hommes zugutekommen kann.

Hans-Martin Große-Oetringhaus

Rosalba Guzmán Soriano zählt zu den bekanntesten Kinderbuchautorinnen Boliviens. Sie wurde 1957 in der bolivianischen Stadt Cochabamba geboren. Sie ist Diplompsychologin mit Master-Abschlüssen in Psychoanalyse sowie Innovativen Erziehungsmethoden und hat als Lehrerin, Erziehungsberaterin in der Sexualaufklärung sowie der Drogenprävention und als Schauspielerin (etwa in dem bolivianischen Spielfilm *Der Tag an dem das Schweigen starb*) gearbeitet. Sie hat eine psychologische Praxis und lehrt an der Fakultät für Psychologie und Sozialarbeit der staatlichen Universität von San Simón in Cochabamba.

Rosalba Guzmán beteiligte sich an der Erarbeitung und Auswahl der Lektüre für das Lateinamerikanische Leseförderprogramm *Von Kind zu Kind* PLANAM in Guatemala. Außerdem schrieb sie Drehbücher u. a. für eine Kinderfernsehserie, Aufklärungsfilme zur Aids-Prävention, sowie Handbücher für Lehrer und

Psychologen zur Sexualaufklärung, für den Literaturunterricht und zur Persönlichkeitsstärkung.

Für Erwachsene schrieb sie die Gedichtbände. Einige Gedichte wurden auch in Kalendern von terre des hommes wiedergegeben. Auf Deutsch erschien 2006 ihre Kurzgeschichte *Der Geburtstag des Frühlings* in *Das große Geburtstagsbuch* (herausgegeben von Hans-Martin Große-Oetringhaus) zum 30-jährigen Jubiläum von terre des hommes Deutschland im Horlemann Verlag.

Der hier auf Deutsch veröffentliche Kinderroman *La Bruja de los Cuentos* erschien erstmals im Eigenverlag 1997 mit Illustrationen von Rosario Moyano und in dritter Auflage 1998 neu illustriert von Jorge Dávalos. Über sich schreibt die Autorin, dass sie gerne *die leuchtenden Seiten des Lebens sieht.*

Jorge Dávalos Córdova ist bildender Künstler und Illustrator. Er wurde in La Paz geboren, verbrachte aber einen Teil seines Lebens in Sao Paolo (Brasilien), wo cr 1991 die Paulistaner Schule für Bildende Künste (Escola Paulista de Bellas Artes) besuchte. Er arbeitet für Nichtregierungsorganisationen, staatliche Stellen, bolivianische und internationale Verlagshäuser sowie Werbeagenturen und hat seine Werke sowohl in Bolivien als auch im Ausland auf Gruppen- oder Einzelausstellungen gezeigt. Er hat zahlreiche Bücher illustriert.

✳

Gertrud Schwarzenbarth studierte Romanistik und Germanistik und machte darin ihren M.A.. Von 1984 bis 2012 war sie beruflich in der Bolivien-Partnerschaft des Bistums Trier tätig. Vor allem engagiert sie sich für die Vermittlung von Literatur aus Bolivien. Darum hat sie auch den Text dieses Buches aus dem Spanischen ins Deutsche übersetzt.

Peter Strack, geboren 1958 in Dillenburg, Ausbildung zum Krankenpflegehelfer, Studium und Promotion im Fach Soziologie in Frankfurt und Bielefeld, ab 1978 verschiedene Arbeits- und Forschungsaufenthalte in Chiquitos/Ostbolivien, seit 1991 Mitarbeiter von terre des hommes-Deutschland. Derzeit leitet er als Regionalkoordinator das Südamerikabüro der Kinderhilfsorganisation mit Sitz in Cochabamba.

Widmung

Für Peter, einen Zauberer, der Träume verwirklichen kann. Für Henry, den Hüter der Vernunft. Für Sofía mit ihrer intuitiven Gabe zu Weisheit, Frieden und Glück. Für Melita, die mütterliche, mit den Geheimnissen des Schreibens und der leuchtenden Worte vertraute Fee. Für María, die träumende Seiltänzerin. Für Julia, die begabte Rätsellöserin. Für Olivia, die Gewitter im Körper zu besänftigen versteht. Für Alexandra, die unermüdliche (Ver)-Zauberin der Leidenschaften. Für Gaby Vallejo, das Haupt des Hexensabbat. Für die traurigen Kinder. Für die glücklichen Kinder. Und für Dich ...
Für alle, außer für die Hexenhexen.

gez. Rosalba

Inhalt

Der Absturz

Ich weiß nicht mehr, in welcher Nacht es war, als auf dem großen vollen und strahlenden Gesicht des Mondes plötzlich der Schatten einer Hexe mit zerbrochenem Besen erschien. Er huschte über das Gesicht und fiel dann zu Boden. In jener Nacht stürzte die Hexe auf die Erde. Dabei landete sie auf einem alten verfallenen Haus, einer Tapera. So nennt man im Tiefland von Bolivien, in Santa Cruz, die verlassenen Häuser am Rande einsamer Wege. Unsere Hexe fiel genau in die Mitte einer Tapera, zu ihrem Glück auf einen Haufen Stroh.

»Ooooooooh«, sagte sie erstaunt, während sie sich den Hintern rieb. »Das ist aber nicht meine Welt! Ich bin hier an einem für ein Märchen sehr seltsamen Ort gelandet. Ob man hier meine Sprache versteht?«

Sie stand langsam auf, immer noch erschrocken, aber gleichzeitig voller Staunen. Die Landschaft war wunderschön. Hier gab es Tausendfüßler mit zweitausend Füßen und riesige Spinnweben, in denen Taranteln mit haarigen langen Beinen lebten. Taranteln sind große Spinnen, die etwa so aussehen:

Das war der richtige Ort für eine Hexe wie sie. Denn sie gehörte zu den bösen, ja sogar sehr bösen Hexen. Sie war eine von denen, denen es nie Leid tat, dass sie Hexen waren und die im Gegenteil sogar stolz auf ihre Bosheit waren.

Allerdings erlebte sie jetzt den größten Schrecken ihres Lebens. Plötzlich war ganz unerwartet ein schriller durchdringender Pfiff zu hören, der ihre Ohren betäubte. Er kam von einem kleinen Zwerg mit lebhaften schrägen Augen. Er trug einen riesigen Strohhut auf dem Kopf und ritt auf einem schönen weißen Pferd mit zerzauster Mähne.

»Oooooooh! Mein Gott! Tausend himmlische Schlangen! Was bist du denn?« (Ihr könnt euch vorstellen, wie erschrocken die Hexe war, wenn sie »Mein Gott!« sagte, wo sie doch gar nicht an Gott glaubte.)

»Hören Sie, altes Frauchen!«, sagte das seltsame Wesen. »Wissen Sie nicht, dass das mein Haus ist!?«

»Wie? Ich verstehe nicht. Das soll dein Haus sein, kleiner Gnom! Dann hast du aber ein schönes Haus.«

Das Männchen pfiff noch schriller und durchdringender als beim ersten Mal.

»Ich bin der Kobold der Taperas. Nenne mich ja nicht mehr Gnom, hast du verstanden! Wer bist denn du?«

»Oooooooh! Ha, ha , ha! Ich bin die Märchenhexe. Mein vollständiger Name lautet Walburga von Blocksberg.«

»Was für ein komplizierter Name! Dann musst du ja eine Hexe sein«, sagte der Kobold überrascht, während er im Flug von seinem Pferd abstieg. »Eines Tages hat ein Kind, das in meiner *Tapera* übernachtete, sein Märchenbuch liegen gelassen. Daher kenne ich dich. Natürlich heißt du in dem Buch einfach nur Hexe. Bist du diejenige, die Dornröschen hundert Jahre schlafen ließ?«

»Ja, genau, die bin ich!«, antwortete die Hexe Walburga geschmeichelt, als sie merkte, dass ihr Ruf bis an diesen entlegenen Winkel der Welt gelangt war, an dem sie sich jetzt befand.

»So, so«, murmelte der Kobold, während seine Augen wie zwei glühende Kohlen leuchteten und seine spitzen Ohren ganz rot wurden. Wir wissen ja, dass jeder richtige Kobold spitze Ohren hat.

»Sag mal, willst du kein Autogramm von Walburga, der Märchenhexe?«, fragte die Hexe kokett, wobei sie die Augen verdrehte und die drei letzten Zähne zeigte, die ihr verblieben waren.

»Du bist verrückt!«, sagte der Kobold ärgerlich und gab dem Strohhaufen einen Fußtritt, so dass das goldfarbene Stroh durch die Luft stob. Dann fragte mit gerunzelter Stirn:

»Bist du auch die Hexe, die Schneewittchen mit einem leckeren Apfel vergiftete?«

»Ja, die bin ich!«, sprach die Hexe und sprang wie, wie zur Bestätigung, in die Luft.

Da wurde der Kobold böse und wollte sie an den Haaren packen.

Die Hexe war so überrascht, dass sie fast tot umfiel, ergriff dann aber sofort ihren Besen und holte zu einem gezielten Schlag auf den Kopf des Kobolds der Taperas aus, so dass diesem der Hut bis unter die Nase rutschte.

Aus der Fassung gebracht, richtete er sich wieder auf. Sie gehörte sicher zu den gefährlichen Hexen, und man musste ihr mit mehr Respekt und Vorsicht begegnen. Aber zu seiner Überraschung geschah plötzlich etwas Unerwartetes:

»Hör mal, du idiotisches waghalsiges Insekt«, schrie die Hexe wütend. »Ich werde dich sofort in einen Käfer mit Ameisenbeinen verwandeln.«

»Nein, nein, bitte, liebe Walburga, tu's nicht!«, flehte der Kobold und weinte fast. »Ich erkläre dir auch, warum ich wütend bin.«

»Mal sehen, ob du es kannst, du dummer Kobold«, sagte die Hexe und gab sich gutmütig.

»Weißt du, Walburga«, stammelte er, »weißt du, mir gefällt das Märchen von Schneewittchen und den sieben Zwergen. Und du hast den Zwergen doch ihr Schneewittchen weggenommen. Ich glaube, dass sie seitdem viel mehr Arbeit haben und sich jetzt mit der vielen Hausarbeit sehr plagen müssen. Denn als sie Schneewittchen noch nicht kannten, waren sie sehr unordentlich, und sie lernten durch sie, in einem sauberen Haus zu leben. So stand es wenigstens in dem Märchen, das ich gelesen habe. Denn wer brachte das Haus in Ordnung? Schneewittchen! Und wer bereitete ihnen ihr Essen zu? Schneewittchen. Und wer putzte die Zimmer? Schneewittchen. Bis du gekommen bist und alles kaputt gemacht hast. Deswegen bin ich sehr böse auf dich, Hexe. Verstehst du das jetzt?«

»Oh, ja! Da habe ich einen Fehler gemacht. Wenn ich die Prinzessin bei den Zwergen gelassen hätte, dann wäre sie schnell alt und hässlich geworden, und der Prinz hätte sie überhaupt nicht mehr gewollt«, sprach die Hexe wie für sich selbst. Auf jeden Fall haben die Zwerge bekommen, was sie verdient haben.

»Was sie verdient haben?«, fragte der Kobold besorgt. »Was meinst du damit?«

»Sieh mal, du Zwerg, pardon, ich meine, Kobold, die sieben Zwerge haben das schöne Schneewittchen doch ausgenutzt. So sehe ich das. Wenn ich es früher gemerkt hätte, hätte ich sie nicht vergiftet.«

»Ausgenutzt! sagst du? Aber sie mochten sie doch gern. Ich glaube, Walburga du bist verrückt und keine Hexe.«

»Selbstverständlich. Sie hat doch die ganze Hausarbeit gemacht und die Dumme wurde dafür nicht einmal bezahlt. Nicht einen Cent hat sie bekommen und noch nicht einmal einen Edelstein aus dem Bergbau, in dem die Zwerge gearbeitet haben.«

»Daran hatte ich niemals gedacht«, sagte der Kobold, zog sich den Hut ab und kratzte sich am Kopf. Schneewittchen als ehrenamtliche Hausangestellte! (Ehrenamtliche arbeiten freiwillig, ohne dafür bezahlt zu werden.)

»Natürlich war das so«, fuhr die Hexe fort und machte dabei ein kluges Gesicht. »Du weißt aber nicht, wie es danach mit den Zwergen weiterging!«

»Erzähl es mir bitte, Hexe! Was ist mit ihnen geschehen?«, sagte der Kobold und setzte sich zum Zuhören auf einen Stein.

»Sie trafen sich mit den sieben Zwerginnen aus dem Wald gegenüber. Es waren sehr kluge Zwerginnen.«

»Wirklich? Wieso?«

»Sie teilten sich die Arbeit mit den Zwergen.«

»Wie meinst du das, Hexe? Ah, ich verstehe: Die Zwerge gehen arbeiten und die Zwerginnen machen die Hausarbeit.«

»Nein, nein, nein! Sage ich. No!« (das war Spanisch), antwortete die Hexe aufgeregt vor Begeisterung. »Die Zwerginnen bereiten das Mittagessen zu, die Zwerge das Abendessen. Die Zwerginnen waschen die Windeln der kleinen Zwergenkinder, die Zwerge waschen die Wäsche der großen Zwergenkinder. Die Zwerge gehen am Morgen in den Bergbau, und wenn der Mond am Horizont steht, gehen die Zwerginnen in den Wald, um Maulbeeren und andere wilde Früchte zu suchen. Sie haben keine Angst vor dem bösen Wolf, ha, ha ha! Wie findest du das? Und alle machen mit bei der berühmten Haushaltsarbeit, das heißt »labores de la casa« (das war wieder ein spanisches Wort).«

»Qué horror!«, sagte der Kobold auf Spanisch (das heißt »Wie schrecklich!«). »Auf die Idee wäre Hans Christian Andersen nie gekommen. Wenn er aus dem Grab aufstünde, würde er gleich tot umfallen.«

»Ganz sicher«, sagte die Hexe und lachte leise böse, hi, hi, hi, hi, hi! »Übrigens ist Schneewittchen glücklich geworden – wie eine Schnepfe – aber nicht für immer.«

»Was willst du jetzt damit sagen?«, fragte der Kobold, dem es immer unheimlicher wurde.

»Die Ärmste langweilt sich im Palast. Ihr Mann, der Prinz, lässt sie nicht ausgehen. Und sie war doch zur Waldhüterin berufen! Ha, ha ha! Sie darf noch nicht einmal raus, um einen kleinen Spaziergang zu machen, denn dieser dumme Prinz behauptet, es sei zu gefährlich. Zum Teil hat er ja recht, denn es gibt dort viele Sägewerksarbeiter. Es gibt Menschen, die die Tiere töten und den Wald abholzen. Die sind schlimmer als alle Hexen und Hexenmeister zusammen im Zerstören. Das muss ich zugeben, sie sind gefährlicher als hunderttausend wilde Wölfe.«

»Ich hasse dich, Walburga«, sagte der Kobold wieder, »aber ich möchte noch mehr wissen. Sag mir, was sagt die Prinzessin?«

»Nun, die Prinzessin will rausgehen und sehen, was außerhalb ihres traurigen Schlosses passiert, das voller toter Dinge aus Gold und Silber ist. Sie sagt, das Leben fände draußen in der Natur statt, aber das versteht der Prinz nicht. Er sagt, so etwas würden die schönen Märchenprinzessinnen nicht tun.« Nun denn! Walburga zuckte mit den Schultern und lachte weiter mit ihrem hässlichen Hexenlachen: hi, hi, hi, hi, hi!

Einen Moment lang sagte niemand etwas, und der Kobold fiel in eine tiefe Traurigkeit. Aber bald stieg ihm das Blut wieder in die Ohren und noch höher in den Kopf, und plötzlich griff er die Hexe an.

»Das ist alles deine Schuld, du dumme, hässliche, alte Hexe Walburga! Die Zwerge hatten es besser, als Schneewittchen bei ihnen war, und sie fühlte sich wohler bei den Tieren im Wald. Es gab keine Sägewerksarbeiter, und es gab auch nicht so viele Wilddiebe!«

»Einen Moment, bitte, sage ich«, »por favor«, fiel ihm die Hexe ins Wort und ging in Habachtstellung. »Ich habe nichts zu tun mit den Sägewerksarbeitern und den Jägern. Das findet in der wirklichen Welt statt. Und du, Gnom mit Hut, komm mir keinen Schritt näher!«

Zu spät! Der Kobold der Taperas hörte nicht auf die Warnung und schon hing er an ihrem Gürtel. Walburga ging einen Schritt zurück, befreite sich von ihm und sagte dann ganz laut:

Alacachinachinquigibum Chigibunabajo,
(Simsalabim, abrakadabra, dreimal schwarzer Kater)
Der Kobold werde zum Käfer!

Der Kobold fühlte ein seltsames Kribbeln in der Nase, und das Blut gefror ihm vor Schrecken. Er machte die Augen zu, um sich nicht zu sehen, und als das Kribbeln vorbei war, machte er sie wieder auf ... Und wie staunte er, als er sah, dass sich absolut nichts verändert hatte!

Die Hexe wurde leichenblass vor Schreck, und um ihre Ehre zu retten, schrie sie so laut, als wollte sie die Sterne am Himmel erschüttern:

Achiquitin, Achiquitán
Kobold, werde zur Maus!

... Und nichts geschah. Noch nicht einmal ein Kribbeln in der Nase. Gar nichts.

Die Hexe zitterte und stieg schnell auf ihren zerzausten Besen, denn sie hatte gemerkt, dass ihre Hexenkünste an diesem seltsamen Ort, auf den sie gefallen war, nichts bewirkten.

»Um der tausend himmlischen Schlangen willen!«

Tachí tachá Tachi tachiba,
Besen mein, lass uns fliegen heim!

... und wieder nichts!

Aufsteigen! AUFSTEIGEN! – aber nichts passierte,
der Besen folgte nicht.

Das war alles. Der Kobold wusste, dass jetzt sein Moment gekommen war. Er vergaß seinen Zorn auf die arme Hexe, die nicht mehr hexen konnte, kletterte auf ihre Schulter und wand ihr langes graues Haar ganz um sie herum. Er band sie damit an einem schon halb eingestürzten Türbalken fest.

Die Nacht verging langsam. Walburga bat um Verzeihung, aber der Kobold verzieh ihr nicht. Sie bat ihn darum, sie zu befreien, aber der Kobold hatte keine Lust, ihr einen Gefallen zu tun. Sie flehte ihn an um der Katzen, Fledermäuse und anderen Nachtgeschöpfe willen, aber der Kobold blieb taub für ihr Flehen. Sie bat ihn um der sieben Zwerge willen, aber da wurde der Kobold erst recht wütend. Sie flehte um Gottes und der tausend Teufel willen, aber mit denen hatte der Kobold nichts zu tun.

Währenddessen schritt die Nacht voran und die ersten Lichter des Morgengrauens ließen schon die Sterne verblassen. Als schon der Morgen graute, bat die Hexe ihn ermattet darum, dass er ihr Haar losbinden möge. Und schließlich hatte der Kobold Mitleid. Auch wenn er schlechte Laune hatte und gerne Streiche spielte, war er im Grunde doch ein guter Kobold. Deswegen befreite er sie und nahm sie dann mit zu seiner Freundin, der Kuh Lucía von dem Bauernhof gegenüber, und gab ihr Milch zu trinken.

Natürlich musste die Hexe ihm vorher versprechen, dass sie nie wieder versuchen würde, ihn oder irgendjemand anderes zu verhexen. Das für alle Fälle, denn man konnte ja nie wissen: Vielleicht würde sie ihren Besen ja wieder reparieren und ihre Hexenkraft zurückgewinnen.

Sie gab ihm ihr Ehrenwort, und da man ja weiß, dass die Hexen Ehrgefühl haben, war der Kobold danach beruhigt. Er gab ihr umgekehrt sein Ehrenwort, dass er nie wieder ihr Haar anrühren würde, und so schlossen sie einen Friedensbund.

Das traurige Mädchen

Der Kobold und die Hexe erzählten sich gegenseitig von ihrem Leben, während sie die frische Milch aus einer großen Keramiktasse tranken. Der Kobold erzählte von seinen Streichen, die er den Wanderern gespielt hatte, die in seiner Tapera übernachteten, und die Hexe beklagte sich darüber, dass die Märchen für sie immer schlecht ausgingen.

Plötzlich tauchte auf dem Weg ein etwa achtjähriges Mädchen auf. Sie war barfuß und trug einen Tipoy, der mit feuerroten Blumen und blauen Schmetterlingen bedruckt war.

Tipoy ist Guaraní und der Name für das traditionelle Kleid, das die Frauen im bolivianischen Tiefland tragen. So sieht es aus:

Sie trug auf der Schulter einen Krug mit Wasser, das sie vom Bach geholt hatte. Ihr langes Haar hing lose auf die Schultern herab, und ihre fast schlitzförmigen Augen zierten ein schönes gebräuntes Gesicht. Sie sah bezaubernd aus, aber ihr Gesicht drückte eine große und tiefe Traurigkeit aus.

»Die gehört mir!«, sagte die Hexe und stellte sich ihr in den Weg.

Vielleicht lag es daran, dass sie in der Nacht schlecht geschlafen hatte, dass die Hexe mit ihrem gebeugten Rücken, der krummen Nase, den tiefen Augenrändern und dem spitzen schwarzen Hut auf ihrem langen verworrenen und aschgrauen Haar so erschreckend und bedrohlich aussah.

Das Mädchen blieb stehen und sah sie an. Dann sagte sie:

»Das hat mir gerade noch gefehlt: eine Hexe!« Die Augen des Mädchens waren voller Tränen, aber ohne die panische Angst, die Walburga erwartet hatte. Sie näherte sich Walburga und sagte zu ihr: »Frau Hexe, bitte, haben Sie nicht noch einen vergifteten Apfel bei sich?«

Da schaltete sich der Kobold ein:

»Sei vorsichtig mit dem, was du tust, Hexe! Wenn etwas mit dem Mädchen passiert, dann breche ich unseren Pakt ...«

»Nein, nein, nein«, antwortete Walburga. »Ich will ihr nichts Böses tun. Eine Hexe stolpert nicht zweimal über denselben Stein, wie es die Menschen tun.«

»Dann lass uns also miteinander wie vernünftige Menschen reden«, sagte der Kobold. »Was ist mit dir, trauriges Mädchen?«

»Ich habe große Probleme, lieber Kobold«, antwortete sie und setzte sich unter einen blühenden Toboroche.

Der Toboroche ist ein Baum, der für das bolivianische Tiefland typisch ist. Er sieht so aus:

Das Mädchen stellte seinen Krug mit frischem Wasser auf dem Boden ab.

»Ich möchte sterben. Bitte, Hexe! Du bist böse, du wolltest mich ja erschrecken. Bitte, gib mir einen von deinen vergifteten Äpfeln, damit ich endlich sterben kann.«

»Siehst du!« Der Kobold fing an, mit der Hexe zu schimpfen: »Das kommt davon, wenn man kleine Mädchen erschrickt. Wie töricht ist das doch von dir, so mit Kindern umzugehen! Kinder brauchen Freunde, du Dummkopf, nicht Feinde.«

»Verzeihung, Verzeihung!«, sagte die Hexe. »Ich werde mich ändern. Ich lerne schnell. Du hast ja gesehen, wie ich von gestern auf heute deine schwierige Sprache richtig auszusprechen gelernt habe, sogar das R kann ich jetzt rollen. Gib mir nur Zeit, Kobold!«

Und dann sagte sie mit der sanftesten Stimme, die ihr möglich war, zu dem traurigen Mädchen: »Ich bin Walburga von Blocksberg, die Märchenhexe. Ich will dir helfen, aber ich werde dir nichts Böses tun, trauriges Mädchen.«

Der Kobold flocht behutsam das Haar des Mädchens zu einem Zopf und fragte es: »Was macht dir so viel Kummer, trauriges Mädchen?«

»Mein Papa«, antwortete sie.

»Was ist mit deinem Papa?«, fragte die Hexe und setzte sich auch unter den Toboroche.

»Er trinkt zu viel, die ganze Zeit. Er geht morgens aus dem Haus, und wenn er zurückkommt, ist er betrunken. Dann behandelt er uns schlecht, er beleidigt uns und schlägt meine Mama und mich und meine kleinen Geschwister.«

»Den überlass nur mir«, sagte die Hexe begeistert. »Ich verwandle ihn in einen gelben Fisch mit roten Flecken. Du weißt ja, wenn diese Fische Alkohol trinken,

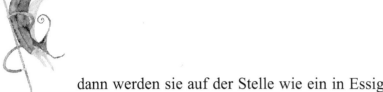

dann werden sie auf der Stelle wie ein in Essig eingelegter Sauerfisch. Was hältst du davon?«

»HHHexxxe!!!«, rief der Kobold. »Und was ist mit deinem Versprechen?!«

»Oh! Schande!«, sagte Walburga und verzog das Gesicht. »Tausend himmlische Schlangen, um aller Teufel und der schielenden Fledermaus willen! Ich hätte nie dieses Versprechen geben sollen.«

»Du vergisst, dass du deine Zauberkräfte verloren hast«, lachte der Kobold.

Und jetzt war es die Hexe, die ihren Hut auszog, den Kopf senkte und ganz traurig wurde. Und wir wissen ja alle, dass es keine größere Traurigkeit als die bei Hexen gibt.

»Sei doch nicht traurig!«, sagte das Mädchen, um sie zu trösten. »Schau mal, ich will doch nur dass mein Papa aufhört, zu trinken, aber ich will nicht, dass ihm etwas zustößt.«

»So?«, sagte die Hexe überrascht. »Dann weißt du nicht, was du willst, meine Kleine!«

»Doch, ich weiß es!«, sagte das traurige Mädchen und schaute mit Augen voller Hoffnung hoch in den blauen Himmel. »Ich habe es dir schon gesagt: Ich will, dass mein Papa aufhört zu trinken. Dass er sich nicht mehr betrinkt und dass wir wie eine normale Familie miteinander leben können.«

»Ach, so«, sagte die Hexe. »Das ist ein bisschen schwierig. Es sei denn, ich würde ihm ein Gebräu aus Froschbeinen, Eidechsenspucke, Affenhaaren und Eisbärenkrallen zubereiten. Aber leider kann ich das nicht, trauriges Mädchen. Denn mir fehlt die letzte Zutat, und mein Besen ist kaputt. Ich bitte dich um Entschuldigung.«

»Danke, Freunde«, sagte das Mädchen und strich mit seiner kleinen warmen Hand über das klebrige Haar der Hexe. Walburga wurde knallrot, denn sie hatte noch nie so etwas Schönes und Zartes gefühlt wie die Liebkosung eines kleinen Mädchens. Sie kannte nur den Hass und die Angst der anderen Menschen, aber die Liebe war etwas ganz Besonderes! Ihr Herz machte *krick krick*, so wie Hexenherzen eben schlagen. Heimlich nahm sie diese zartrosa Liebkosung an sich und versteckte sie in ihrem spitzen Hut.

»Wir können dann also nichts für dich tun«, sagte sie mit einer Stimme, die vor Rührung zitterte.

»Ihr habt schon etwas für mich getan!«, sagte das Mädchen. »Ihr habt mich getröstet.«

»Wie schön!«, sagte Walburga und schämte sich innerlich, denn eine Hexe sollte eigentlich Worte wie »schön« , »gut« und »zart« nicht gebrauchen. Was würde ihre Familie sagen, wenn sie sie so sprechen hörte! Egal! Sie waren ja weit weg ... und würden es nie mitbekommen! Und tatsächlich war sie auch immer so etwas wie das weiße Schaf in der Familie gewesen.

»Aber natürlich können wir etwas für dich tun!«, sagte der Kobold und sprang auf einen Zweig! Der Kobold konnte nämlich ohne Flügel fliegen. Im Unterschied zu den Vögeln und auch den Hexen, die Besen dazu brauchen. »Ich habe eine Freundin, die Kindern mit betrunkenen Vätern hilft!«

»Ich will, nicht, dass du ihr Mühe bereitest«, sagte das traurige Mädchen.

»Doch«, sagte der Kobold, »ich gebe dir mein Wort
als Kobold, dass alles gut werden wird. Hab' Vertrauen.«

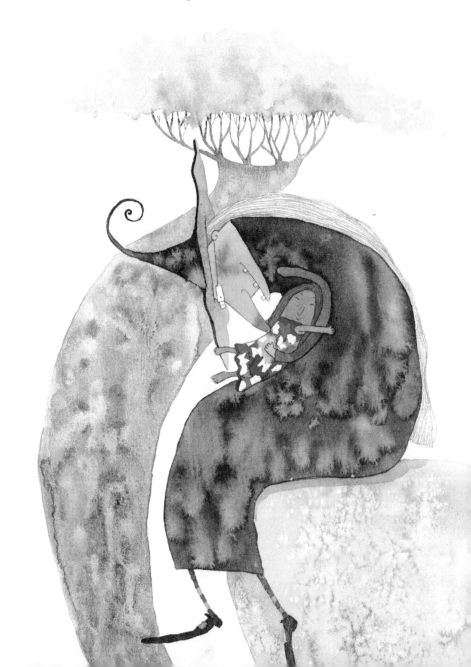

Die Freundin des Kobolds

Der Kobold, das traurige Mädchen und Walburga machten sich auf den Weg zu der geheimnisvollen Freundin.

»Wohin gehen wir?«, fragte das traurige Mädchen.

»Dorthin«, sagte der Kobold und zeigte auf den Weg zum Friedhof.

»Ich habe Angst«, sagte das Mädchen.

»Warum denn? Es ist doch ein schöner Ort«, meinte die Hexe.

»Es wird dir nichts geschehen. Wir sind ja bei dir«, beruhigte sie der Kobold.

Walburga hoffte, eine dieser Vampirinnen zu treffen, wie sie sie auf dem XIX. Internationalen Terrorkongress in Transsylvanien kennengelernt hatte. Das Mädchen machte sich auf eine weitere Hexe oder gar ein wildes Tier gefasst. Ein Schauder lief ihr jedes Mal über den Rücken, wenn sie daran dachte. Aber wenn sie dann daran dachte, dass sie hier war, um ihrem Vater zu helfen, kehrte ihr Mut wieder zurück.

Doch auf dem verlassenen Friedhof konnte sie die Freundin nicht finden. Deshalb gingen sie in Richtung einer Mistgrube. Dort gab es nur Mist und Abfälle, und es roch sehr unangenehm, um nicht zu sagen, es stank! Doch keine Spur von der geheimnisvollen Freundin! Der Kobold war schweigsam und gab keine Erklärung. Das traurige Mädchen bekam noch mehr Angst. Was würde nach dem Friedhof und der Mistgrube noch auf sie zukommen?

Schließlich gingen sie auf ein dorniges Gebüsch zu. Der Kobold bat Walburga und das traurige Mädchen, sich ruhig zu verhalten. Dann pfiff er dreimal leise: ein-

mal lang, einmal mittellang und zuletzt kurz, so wie wenn ein junger Mann einem Mädchen, das ihm gefällt, hinterher pfeift. Endlich erschien die sehnlichst gesuchte Freundin des Kobolds.

Zur Verwunderung des Mädchens und der Hexe stand eine schöne junge Frau vor ihnen, deren schlanker, wohlgeformter Körper in ein zartes durchsichtig schimmerndes schwarzes Kleid gehüllt war. Das magische Gegenlicht des Mondes hob ihre weiblichen Formen in besonderer Weise hervor. Ihre von langen Wimpern geschmückten Augen glichen den schönsten und strahlendsten Sternen der Nacht. Sie schien gerade aus dem Traum eines Dichters aufzutauchen. Ihr Kopf war mit einem Schleier bedeckt.

Walburga verschluckte sich an ihrem Speichel und musste husten. Zum ersten Mal in ihrem Leben tat es ihr Leid, dass sie so hässlich war. Heimlich nestelte sie an ihrem Haar, um es zu ordnen. Auch das traurige Mädchen war von so viel Schönheit wie verzaubert.

Endlich ergriff der Kobold das Wort: »Ich darf euch meine Freundin, die kleine Witwe, vorstellen.« (Die *schwarze Witwe* ist ein mythologisches Wesen des Andenraums, das besonders Männern gefährlich wird.)

»Hallo, Kobold von den Taperas«, grüßte ihn die kleine Witwe.

»Wie geht es Ihnen?«, grüßte sie die Hexe, und dann das Mädchen:

»Hallo, Kleine, wie geht es dir?«

»Mir … « Das Mädchen wusste vor Staunen nicht, was es sagen sollte.

»Ich habe einen Auftrag für dich, meine Freundin«, erklärte der Kobold. »Schau mal, ihr Vater betrinkt sich immer. Er schlägt und misshandelt die Familie. Deswegen ist das Mädchen sehr unglücklich.«

»Bitte, macht alle die Augen einen Moment zu«, sagte die Witwe, und alle gehorchten.

»Jetzt könnt ihr sie wieder aufmachen«, befahl sie dann. Und als Walburga, das traurige Mädchen und der Kobold wieder die Augen öffneten, fanden sie sich in einem schönen Haus mit bequemen Sesseln und großen Fenstern wieder, die mit Seidenvorhängen aus Spitze und duftenden exotischen Pflanzen geschmückt waren.

»Fühlt euch wie zu Hause«, sagte sie, »hier können wir uns besser unterhalten.«

»Eine Fee!«, murmelte Walburga. »Du bist eine Fee!«

»Nein«, sagte die kleine Witwe und lächelte sie an. »Ich bin die kleine Witwe, eine Freundin des Kobolds und anderer übernatürlicher Wesen. Aber besonders bin ich die Freundin von traurigen Kindern, deren Väter zu viel Alkohol trinken.« Dann sprach sie zu dem Mädchen: »Ich werde dir helfen, mach dir keine Sorgen. Du wirst wieder lachen, das verspreche ich dir.«

»Danke!«, sagte das Mädchen und fühlte, wie die dicke schwarze Wolke in ihrer Seele begann, sich aufzulösen.

Dann wandte sich die Witwe wieder der Hexe zu: »Jetzt möchte ich aber wissen, wer du bist.«

»Ich? Ich bin Walburga von Blocksberg.«

»So einen Namen habe ich noch nie gehört. So schwierig auszusprechen!«

»Sie ist die Märchenhexe«, erklärte der Kobold.

»Von welchen Märchen?«, fragte die kleine Witwe.

Da musste der Kobold ihr die Märchen vom Schneewittchen, von Hänsel und Gretel und von Dornröschen erzählen, denn die Hexe erinnerte sich seltsamerweise an kein einziges. Am Schluss ermahnte die Witwe die Hexe kopfschüttelnd:

»Schlimm, sehr schlimm! Wie konntest du Spaß daran haben, so schlimme Dinge zu tun, die die Kinder erschrecken und sie nicht schlafen lassen, wenn sie an dich denken? Du bist ja ein Albtraum für Kinder.«

»Ich ... nun ... es ..., schämte sich die Hexe, es ist nicht meine Schuld.«

»Ach, nein?«, fragte das traurige Mädchen neugierig.

»Natürlich nicht!«, verteidigte sich die Hexe. Es waren die Gebrüder Grimm, Hans Christian Andersen, Charles Perrault und andere Märchenerzähler, die mir dieses Verhalten befahlen.

»Und du hast natürlich brav gehorcht!«, erwiderte darauf der Kobold. Dabei färbten sich die Spitzen seiner Ohren wieder rot.

»Mir blieb nichts anderes übrig«, entschuldigte die Hexe sich und senkte den Kopf.

»Sie hat recht«, bestätigte die kleine Witwe. »Wir sollten sie in Ruhe lassen!«

Und so unterhielten sie sich den ganzen Tag lang weiter, aßen zusammen, probierten seltene köstliche Früchte, und nach und nach erfuhren sie von Walburga, dass das arme Dornröschen unter einer unerträglichen Schlaflosigkeit litt und dass ihr Prinz nicht mehr wusste, was er machen sollte.

Das traurige Mädchen meinte, das könne davon kommen, dass sie zu viel Kaffee trinke. Doch am Schluss waren sich alle drei einig, dass das von den 100 Jahren kam, die diese Schlafmütze geschlafen hatte.

Die kleine Witwe verriet ihr Rezept für aufgebrühten Salattee mit Milch. Dabei schritt die Zeit immer weiter voran, bis schließlich das erste Licht am Himmel blinkte.

Als die Nacht schon weit fortgeschritten war, gingen die kleine Witwe, die Märchenhexe, der Kobold der Taperas und das traurige Mädchen zur Kneipe und warteten darauf, dass der Vater des Mädchens herauskommen sollte. Das traurige Mädchen hatte den Blick fest auf die Tür dieses Gasthauses gerichtet, das Schuld an all ihrem Kummer und Leid hatte.

Der Kobold und die Hexe fingen schon an zu gähnen, denn es dauerte sehr lange, bis der Vater des Mädchens endlich auftauchte.

Etwa um Mitternacht hörte man Geräusche von scheppernden Flaschen, Beleidigungen und Streit.

Und dann kam ein total betrunkener Mann heraus. Er war groß, hatte graues Haar und war mehr durch seinen Lebenswandel als durch die Zahl seiner Jahre gealtert. Die Nase war rot, der Bart ungepflegt, die Kleidung schmutzig und das Haar hing ihm unordentlich in die Stirn.

»Ich bin ein armer…hipp!… Mann, sagte er unter … Schluchzen«, während er sich an der Wand festhielt, um nicht zu fallen. »Niemand mag mich, ich bin ein armer … hipp! … besoffener … hipp… Teufel, hab' keine Arbeit … hipp! … kein Geld, armer Hund! Hipp!«

Dann ging die kleine Witwe, die im Mondschein besonders schön aussah, auf ihn zu und blieb vor ihm stehen.

»Sie ist die Nachtfee«, sagte die Hexe leise.

»Pssst«, forderte der Kobold sie auf, zu schweigen, und die drei versteckten sich hinter einem Baum. »Ich hab' euch schon gesagt, dass sie die kleine Witwe ist. Sie hat nichts mit Feen zu tun. Die Feen gehören in deine Welt, in deinen Erdteil, nicht in meinen.«

Der Betrunkene betrachtete die kleine Witwe eine Weile lang und rieb sich dann die Augen. Sie lächelte ihn verführerisch an.

»Diesmal bin ich ... hipp! ... zu weit gegangen«, murmelte er.

»Komm mit mir, Hilarion«, sagte die kleine Witwe.

Ihre Stimme hüllte die ganze Nacht ein, und ein eigenartiger süßer Duft erfüllte die Atmosphäre.

»Komm zu mir«, sagte die kleine Witwe. Und der Mann folgte ihr fasziniert, während sie gerade so nah an ihm blieb, dass er sie fast mit den Hände erreichen konnte, er sie aber nicht berühren konnte.

Sie führte ihn bis zum Dornenstrauch. Da stand jetzt ein anderes Haus als das, in dem die vier kurze Zeit vorher eine so angenehme Zeit verbracht hatten. Es war viel größer und schöner als jenes. Der Betrunkene und die kleine Witwe verschwanden in dem Haus. Als die Tür zuging, starb das traurige Mädchen fast vor Beklemmung.

»Was wird jetzt mit meinem Papa geschehen?«, fragt sie voller Angst und Misstrauen.

»Wir brauchen nur zu warten«, sagte der Kobold. »Alles wird gut werden. Mach dir keine Sorgen!«

»Es ist schon sehr spät«, sagte die Kleine, »meine Mama wird mich schon suchen und sich Sorgen machen.«

Da stieß der Kobold einen langen, lauten und schrillen Pfiff aus, und darauf erschien zwischen den Schatten in schnellem Galopp das schöne weiße Pferd mit der zerzausten Mähne.

»Reiten wir los!«, sagte der Kobold, hob das Mädchen mit einem Satz auf das Pferd und setzte sich dahinter.

»Also bis später«, sagte die Hexe. »Ich reite lieber auf meinem Besen. Den bin ich gewöhnt.«

»Dein Besen ist kaputt, Hexe«, antwortete der Kobold, »komm schon, steig auf!« Und er ergriff sie mit solcher Kraft am Arm, dass sie fast im Flug auf dem Pferd landete. Schnell wie ein Blitz kamen sie bei dem Mädchen zu Hause an. Die Mutter hatte tatsächlich große Sorge um sie gehabt. Als sie die Tochter sah, nahm sie sie in den Arm und herzte und küsste sie unter Tränen.

»Wo warst du nur, Kind?«, sagte sie. »Ich habe dich schon überall gesucht und befürchtet, dass dir etwas Schlimmes passiert sei.«

»Ich habe die Märchenhexe und den Kobold der Taperas getroffen und … «

Der Kobold und die Hexe entschieden sich, zur Tapera weiter zu reiten, um dort bis zum Morgengrauen zu warten. Sie wussten, dass sie nichts anderes tun konnten. Alles lag jetzt in den Händen der kleinen Witwe.

Die Wunderheilung

Die kleine Witwe nahm den Schleier ab, der ihren Kopf bedeckte, und ihr langes seidiges schwarzes Haar fiel in einer Kaskade auf ihre Schultern. Hilarion war von dieser übernatürlich wirkenden Schönheit wie geblendet. Er versuchte, sich umzusehen. Es musste ein Traum sein. Er war oft an diesen Ort gekommen, hatte aber vorher dort nie ein Haus gesehen. Jetzt war er im Innern dieser luxuriösen Villa mit großen Fensterflügeln, feinen vergoldeten Kristalllüstern und weichen Teppichen.

»Schau, du bist hier, um zu sehen«, sagte die kleine Witwe. »Es gibt viel für dich zu sehen«, und dabei reichte sie ihm ein seltsames Gebräu. Hilarion nahm einige Schlucke davon. Es schmeckte leicht bitter auf eine ihm vollkommen unbekannte Art. Es schmeckte ihm aber gut, und es tat ihm gut. Er fühlte auf einmal, wie die Müdigkeit und das vom vielen Trinken kommende Unwohlsein sich aus seinem Körper verflüchtigten. Sein Kopf war jetzt ganz klar, so als wenn man nach einer guten Nachtruhe und einem ruhigen glücklichen Schlaf früh aufwacht. Er wurde sich seines Aussehens bewusst: Schmutzig war er, unordentlich und roch penetrant nach Alkohol, denn dieser Geruch war leider nicht zusammen mit seinem Unwohlsein verschwunden. Und er schämte sich vor der schönen Frau.

Ihr schien dies nichts auszumachen. Sie setzte sich neben ihn und betätigte die Fernbedienung des großen Fernsehers, der vor ihnen stand. Den sah Hilarion erst in diesem Moment. Auf dem Bildschirm erschienen nun ihm sehr bekannte Bilder.

»Das ist bei mir zu Hause«, sagte der Mann. Ich muss betrunken sein, betrunkener denn je.

»Nein«, sagte die kleine Witwe, »das bist du nicht, du bist nüchtern.«

»Ich schlafe! Ich träume!«

»Nein, das stimmt nicht«, widersprach die kleine Witwe. »Du bist wach.« Sie fuhr ihm mit der Hand durch das Haar.

»Ich bin sicher im Begriff, verrückt zu werden«, sagte er wieder.

»Nein«, antwortete sie, »du bist mehr denn je bei Verstand.«

»Und, was bedeutet das?«

»Schau, Hilarion, auf diesem Bildschirm siehst du all das, was in deinem Haus geschieht und was du vergisst, wenn du betrunken bist.«

Die Bilder des großen Bildschirms zeigten Hilarion, wie er schrie, schimpfte und fluchte, Türen eintrat und Grobheiten jeder Art verübte.

Seine Frau wachte vor Schrecken auf und lief zum Kinderzimmer, um die Kinder zu beschützen.

Es war für Hilarion unerträglich, diese Szenen im Zustand geistiger Klarheit zu sehen. Er wollte den Fernseher ausschalten, aber seine Füße und sein ganzer Körper gehorchten ihm nicht. Er konnte nicht einen Finger bewegen. Er konnte auch die Augen nicht zumachen und den Blick vom Bildschirm abwenden. Eine große Verzweiflung erfasste ihn.

»Lüge! Das ist eine Lüge«, schrie er, aber auf dem Bildschirm waren seine nun wachen und vor Angst zitternden Kinder zu sehen. Der riesige und bedrohliche Schatten des Betrunkenen näherte sich den Kindern, aber die Mutter warf sich dazwischen, damit er ihnen nichts antun konnte.

»Nein, nein, nein! Es reicht!«, flehte Hilarion, aber auf dem Bildschirm stieß er seine Frau so heftig zur Seite, dass sie gegen die Möbel fiel. Er schlug die Kinder, und das traurige Mädchen flehte ihn an, sich zu beruhigen. Er hörte aber nicht auf, gewalttätig zu sein und beklagte sich gleichzeitig über sein Leben, darüber, dass er kein Glück und keine Arbeit hatte und sein Leben so elend war. Schließlich blieb er irgendwo liegen und schlief ein. Er lag auf dem Boden wie ein Sack Kartoffeln. Seine Kinder und seine Frau mussten ihn hochheben, ihn zudecken, ihn ins Bett legen und ihm die verdreckten alten Schuhe ausziehen.

Hilarion konnte diese Szenen nicht weiter ansehen. Die Bilder verschwammen in seinen Augen, aus denen die Tränen quollen. Noch nie hatten die Bilder seines täglichen Lebens so wirklich auf ihn gewirkt wie jetzt.

Seine Frau und die Kinder blieben wach und weinten still bis zum nächsten Morgen. Dabei sahen sie ihn voller Mitleid und mit Verachtung an.

Er flehte die kleine Witwe nochmal an, damit aufzuhören. Sie sagte, es stünde nicht in ihrer Macht, den Fernseher zum Schweigen zu bringen. So war es. Stundenlang wurden ihm Tage der Angst, des Elends und des Schmerzes gezeigt, den er als Betrunkener seiner Familie zufügte.

Hilarion schluchzte und flehte um einen Schluck Alkohol, um diese Qual wenigstens zu vergessen. Aber als er dann seine Tochter sah, wie sie die Hexe darum bat, ihr einen vergifteten Apfel zu geben, und als er dann ihre traurigen Augen sah und wie blass sie war, dass ihr jede

Lebendigkeit fehlte, da verstummte er. Er senkte den Kopf, und plötzlich verstummte auch der Fernseher und schaltete sich aus.

»Willst du immer noch trinken!?«, fragte ihn die kleine Witwe.

Jetzt fühlte er sich wieder schwach und hätte am liebsten alles vergessen, (wie immer).

»Warum soll ich mich ändern?«, fragte er mehr sich selbst. »Ich bin ein kaputter Mensch, ich ertränke meinen Kummer lieber im Alkohol.« Und er stand auf, wie um wegzugehen, was jetzt wieder möglich war. Doch die kleine Witwe hielt ihn sanft zurück.

»In Ordnung«, sagte sie. »Wenn du das willst, folge mir.« Und sie führte ihn zu einem schönen Schlafzimmer. In der Mitte des Zimmers stand ein großes Bett mit einer schönen blauen Federdecke. Hilarion fühlte, wie er immer müder wurde, und er legte sich mit großem Genuss in das Bett. Plötzlich nahm er einen starken Schnapsgeruch wahr, so dass er kaum noch atmen konnte, und er begann, in einem Meer blauer Flüssigkeit einzusinken.

Das Bett wurde wie verzaubert immer größer, und er schwamm in einem Meer von flüssigem Alkohol.

»Hiiilfe!«, schrie er. »Holt mich hier raus! Ich ertrinke im Alkohol.«

»Das wolltest du doch«, hörte er die kleine Witwe in ruhigem Ton sagen.

»Nein, nein!«, flehte Hilarion. »Ich will nicht sterben. Holt mich hier raus!« Und während er schrie und zappelte, um nicht unterzugehen, verschluckte er immer mehr Alkohol, und seltsamerweise verursachte ihm dies jetzt einen Ekel, den er zuvor noch nie so verspürt hatte.

»Ich halte es nicht mehr aus! Halte es nicht mehr aus! Hab Mitleid«, flehte er verzweifelt.

Da nahm das Bett wieder seine ursprüngliche Form und Größe an, und er fand sich auf der weichen Matratze wieder.

»Möchtest du ein Gläschen Likör?«, sagte die kleine Witwe verlockend zu ihm.

»Nein«, antwortete Hilarion entschlossen. »Nie wieder!«

»Dann heißt das also, dass du dein Leben ändern willst?«, fragte die kleine Witwe.

»Jaaa! Ich denke ja, aber ich weiß nicht, ob ich es kann.«

Ohne etwas zu sagen, nahm die kleine Witwe eine weiße und eine schwarze Schnur aus einem kleinen Kästchen und reichte sie ihm.

»Was soll ich damit?«, fragte Hilarion.

»Damit wirst du dein Schicksal ändern. Diese schwarze Schnur ist das Böse, das du anderen und dir selbst angetan hast. Und die weiße Schnur ist das Gute. Du musst diese beiden Schnüre rückwärtsgehend miteinander verflechten, so dass sie zu einer einzigen Schnur werden. Ich nehme ein Ende in die Hand. Und du flichst jetzt die Schnüre, während du die Zauberformel aussprichst.«

»Aber ich kenne die Formel nicht!«, sagte Hilarion.

»Es sind die Worte, mit denen du versprichst, nicht mehr zu trinken.«

Und so geschah es. Während er die beiden Schnüre rückwärtsgehend miteinander verflocht, wiederholte Hilarion die Worte gemeinsam mit der kleinen Witwe wie ein Gebet:

Ich werde nie mehr trinken.
Ich will mich anstrengen, um mich zu bessern.
Ich werde meiner Familie nicht mehr schaden.
Ich werde mein eigenes Leben schützen.
Ich werde für die, die ich liebe, sorgen.
Ich werde nie mehr trinken.

Als sie fertig waren, band die kleine Witwe Hilarion das Band um den Hals. Dann nahm sie aus einem schönen Krug, der auf einem kleinen marmorierten Tisch stand, einige Ginsterzweige und mehrere Seile. Sie forderte ihn auf, mit den Ginsterzweigen mehrere Kreuze zu bilden und sie mit den Seilen zu verbinden. Hilarion gehorchte schweigend.

»Diese Kreuze wirst du an all den Orten hinlegen, an denen du trinkst: Zu Hause, in der Chicha-Kneipe, (wo man Chicha trinkt, ein typisch bolivianisches alkoholisches Getränk), bei deinem Kumpel zu Hause, in dem Laden an der Ecke. Diese Orte werden ab jetzt für dich verboten sein. Du wirst nie mehr wünschen, dort zu trinken.«

Nun wurde es schon Morgen. Die Hexe Walburga und der Kobold von den Taperas hielten es für angebracht, nach den beiden im Hause der kleinen Witwe zu schauen. Und das taten sie.

Doch welche Überraschung! Da war keine Villa mit großen ausladenden Fenstern. Da war nur der arme Hilarion. Er saß auf einem Dornenstrauch und wusste nicht, wie er davon wegkommen konnte. Er war ganz zerkratzt, und die Dornen stachen ihm in den Hintern.

»Hilfe! Bitte, helft mir!«, bettelte er.

Als der Kobold und die Hexe auftauchten, erschrak er noch mehr, aber die beiden halfen ihm, aus dem Gestrüpp herauszukommen.

»Das war die kleine Witwe, sicher hat sie mich in dieses Traumhaus geschleppt«, sagte er. »Sie hat mich in diesem Zustand zurückgelassen. Ich dachte bisher immer, das mit der Witwe sei nur Geschwätz der anderen. Oder sollte ich wirklich hierher gekommen sein, weil ich so betrunken war?«

Aber dann sah er plötzlich die Ginsterkreuze neben sich. Er führte die Hand zum Hals und bemerkte, dass da das Seil war, das er am Abend vorher geflochten hatte.

»Es stimmt! Es stimmt!«, rief er aus. Die kleine Witwe gibt es wirklich.

»Gut, dann bist du jetzt gerettet!«, sagte der Kobold.

Der Mann war zu erschrocken. »Lasst mich jetzt gehen, ihr Kobolde, Hexen und bösen Geister! Ich glaube, ich bin total verrückt geworden.«

»Tausend himmlische Schlangen!«, schimpfte die Hexe. »Wie dumm bist du bloß! Wir wollen doch nur wissen, ob du jetzt aufhörst zu trinken oder nicht.«

»Ich schwöre es, ich schwöre es. Aber, bitte, lasst mich jetzt gehen«, flehte der Mann.

»Schon gut!«, sagte der Kobold. »Aber wenn du dich nur ein einziges Mal mehr betrinkst, dann wird nicht nur die kleine Witwe kommen. Wir werden dann eine ganze Versammlung von Gespenstern und Geistern einberufen.«

Voller Dankbarkeit sah das traurige Mädchen seinen Vater ankommen. Sie wusste vom ersten Augenblick an, dass sich etwas Grundlegendes in seinem Leben geändert hatte. Es kam ein Papa nach Hause und nicht der Trunkenbold von einst.

Die Mutter konnte es nicht glauben, als der Mann ihr das Vorgefallene erzählte. Und ganz besonders staunte sie, als er von der Hexe und dem Kobold der Taperas erzählte, die ihn so streng ermahnt hatten.

Von diesem Moment an war das traurige Mädchen nicht mehr traurig. Ihre Mutter, ihre kleinen Geschwister und sie konnten wieder lächeln. Hilarion fand Arbeit und fing an, Freude am Leben zu Hause zu finden. Er kehrte nie mehr in das Gasthaus zurück und trank nie wieder einen Tropfen Alkohol. Das ging so weit, dass er, als er sich einmal einen Kratzer an der Wange und an der Lippe holte, weil der Ast eines Baumes ihn streifte, nicht wollte, dass dieser mit Alkohol behandelt wurde, sondern nur mit Wasser und Seife.

Und noch heute wird er, wenn ihr ihm begegnet und ihm einen Schluck Alkohol anbietet, sagen: »Nein, danke, ich nehme lieber einen Fruchtsaft.«

Der Huasa Mallku

Seitdem das Mädchen, das jetzt nicht mehr traurig war, der Hexe eine süße rosa Liebkosung geschenkt hatte, holte Walburga diese immer wieder aus ihrem großen Hut hervor. Wenn sie sie in ihren Händen hielt, strich sie sich damit zart über die Wange, und ihr Herz machte wieder *krick krick* wie beim ersten Mal.

Dies war ihr erster Schatz in diesem seltsamen Land, in dem sie gelandet war. Es befand sich nach ihren Berechnungen, die sich nach dem Mondschein und der Stellung der Sterne am Himmel richteten, ganz weit weg von Europa und zwar genau in der Mitte von Südamerika.

Dank dieser Liebkosung verstand die Hexe, dass Kinder tatsächlich Freunde brauchen und dass eine Hexe eine große Freundin der Kinder sein könnte. Außerdem hatte noch nie eine ihrer Kolleginnen solch einen Schatz gefunden. Es war ihr jetzt nicht mehr wichtig, den faulen Zahn des gelben Elefanten von der Safari-Hexe oder die Tsetsefliege von der Schlafhexe und auch nicht den Zankapfel, der im Garten ihrer älteren Schwester, der Streithexe, wuchs, zu bekommen, ja, noch nicht einmal den gezähmten Floh von ihrer Tante Kratzkratz. Sie hatte jetzt als Einzige eine schöne zarte rosa Liebkosung.

Vielleicht begann die Hexe deshalb, nachdem das Problem des traurigen Mädchens gelöst war, nach anderen Kindern mit Problemen zu suchen, um ihnen zu helfen. Der Hüttenkobold, der mit seinen eigenen Dingen beschäftigt war, war schon seit einiger Zeit verschwunden. So wusste Walburga, dass es nun Zeit war, weiterzugehen. Sie nahm ihren zerbrochenen Besen auf die Schulter und nützte eine Windböe aus, um sich, wohin sie wollte, tragen zu lassen. Da sie schlank und nicht besonders groß war, war es für sie leicht, sich oben in der Luft zu halten. Während sie, in einen Wirbel des Windes eingerollt, davongetragen wurde, hörte sie aus der Ferne einen Abschiedspfiff.

Bald ließ die Stärke des Windes nach, und er wurde zu einer leichten lauwarmen Brise. Walburga fiel in einem Wirbel herab. Sie ließ ihren Hexenschrei ertönen, so dass die obersten Zweige der Bäume erzitterten. Da kam ein Kondor in wildem Flug vorbei, packte Walburga, nahm sie auf den Rücken und bewahrte sie so vor dem Sturz.

»Tausend himmlische Schlangen!«, entfuhr es der Hexe. »Von hier komme ich nicht mehr fort. Vielleicht wäre es besser, ich wäre einfach hinuntergefallen.«

Aber sie wurde gerettet. Nachdem sie eine Weile geflogen waren, ließ der Kondor sie sanft auf die golden schimmernde Steppe des Altiplano gleiten. Der Altiplano ist eine große Hochebene, die 3.900 m höher als das Meer liegt. Dort ist es sehr kalt. Die Fläche des Altiplano ist mit einem besonderen Gras, der paja brava, bedeckt. In der Nacht ist man den Sternen sehr nahe. Man hat das Gefühl, man könne sie berühren, wenn man sich auf die Zehenspitzen stellt.

Sie hatte kaum den Boden berührt und sich noch nicht von dem Schwindelgefühl der Reise erholt, als eine graue Füchsin, die zum Gotterbarmen jaulte, vor ihr hin und her lief.

Calabrum carabachiyedra,
grauer Fuchs,
verwandel dich in Stein.

Die Hexe wiederholte den Spruch, der bisher immer Wirkung gezeigt hatte. Aber es passierte nichts. Die Füchsin wurde noch unruhiger, und als sie die Hexe angreifen wollte, hörten beide eine freundliche Männerstimme, die sagte:

»Lass sie in Ruhe, graue Füchsin, sie verwahrt den Schatz einer zarten rosa Liebkosung.«

Da beruhigte sich die Füchsin, verneigte den Kopf ehrerbietig vor der Hexe und legte sich ihr zu Füssen wie ein treuer Wachhund.

Die Hexe wandte sich um. Und groß war ihr Erstaunen, als sie einen mit einem weißen aus Schafwolle gewebten Poncho bekleideten Riesen mit Kindergesicht sah. Er hatte hervorstehende Wangenknochen, schrägstehende Augen, glattes dunkles Haar und wulstige Lippen.

Er sieht Gulliver nicht ähnlich, dachte die Hexe.

»Wer bist du?«, fragte der Riese.

»Walburga«, sagte sie, »die Märchenhexe, zu deinen Diensten. Und wer bist du?«

»Ich bin der Kondor, der dir das Leben gerettet hat. Ich heiße Huasa Mallku.«

Er hatte kaum zu Ende gesprochen, als sich die Ulalas der Kakteen öffneten und die Vögel sich auf ihre Schultern setzten und süße Melodien trällerten.

Die Ulalas sind typische Blumen des Altiplano und sehen etwa so aus:

»Hast du dich also von einem Kondor in einen Riesen verwandelt?«, fragte die Hexe.

»So ist es«, antwortete Huasa Mallku.

»Ich kenne jemanden, der einen ähnlichen Zaubertrick anwendet«, sagte Walburga und runzelte die Stirn, als sie versuchte, sich zu erinnern. »Hast du vielleicht Verwandte in Transsylvanien?«

»Wie bitte? Von dem Ort habe ich noch nie etwas gehört.«

»Natürlich nicht! Es ist auch sehr weit weg. Dort lebt ein Freund von mir, er heißt Dracula. Er kann sich von einer Fledermaus in einen Vampir verwandeln.«

»Von so jemand habe ich noch nie gehört«, sagte der Riese und kratzte sich am Kinn. »Und was macht dieser Freund von dir sonst noch?«

»Er ist ziemlich seltsam. Er schläft am Tage in einem Sarg, und nachts stirbt er fast vor Hunger. Dann geht er auf die Suche nach Blut, denn davon ernährt er sich. Jetzt ist er schon ziemlich alt. Als er 87.976 Jahre alt wurde, begann er, sich über seine abgenutzten Fangzähne zu beklagen. Er denkt jetzt ernsthaft darüber nach, Vegetarier zu werden. Als er einmal ein Glas Tomatensaft sah, dachte er, es sei Blut. Er trank ihn, und er hat ihm sogar gut geschmeckt.«

»Mit dem habe ich nichts zu tun«, bekräftigte Huasa Mallku. »Bitte verwechsle mich nie mehr mit solch einem Wesen, wenn du nicht willst, dass du von meiner treuen Hüterin, der grauen Wölfin, bestraft wirst.«

»Nein, nein, nein! Entschuldige! Aber sag' mir, was machst du, Riese? Du bist kein Zauberer, kein Vampir und kein Kobold! Du bist auch nicht Gulliver und erst recht nicht der Riese von Jack und den Zauberbohnen. Wer bist du also?«

»Gut. Setz' dich an meine Seite, Hexe. Dann werde ich dir sagen, wer ich bin.«

Walburga war sehr bewegt, denn sie hatte das Gefühl, es mit einer sehr wichtigen Sagengestalt zu tun zu haben.

»Ich bin der Beschützer der Natur. Meine Feinde sind alle die, die meinen Freunden etwas antun, und meine Freunde sind alle, die meinen Freunden helfen. Da du eine zarte rosa Liebkosung als deinen Schatz hütest, hast du sicher etwas Gutes getan, um diesen Schatz zu erlangen. Deshalb bist du meine Freundin.«

Er streckte ihr seine riesige Hand zum Zeichen des Grußes hin. Die Hexe reichte ihm ihre abgemagerte, faltige, zitternde Hand mit den langen Nägeln. Die beiden Hände ergriffen einander, und Walburga und Huasa Mallku schlossen einen Pakt.

Dann erzählte ihm Walburga, wie sie zu diesem kostbaren Schatz gekommen war, erzählte ihm alles, was mit dem einst traurigen Mädchen und dem einstigen Trunkenbold geschehen war. Huasa Mallku hörte ihr schweigend zu. Während Walburga sprach, glitt sein Blick über den goldenen Horizont des Altiplano, der von den Strahlen der Nachmittagssonne eingehüllt wurde. Seinem Körper entströmte ein tiefer Frieden und ein Wohlgefühl, das sich auf den ganzen Ort ausdehnte.

Plötzlich schien Huasa Mallku etwas zu bemerken. Ein Hirtenkind kam ihnen entgegen gelaufen. Es schien große Angst zu haben. Hinter ihm war das Echo von Schüssen in den Bergen zu hören und der tragische finstere Schrei des Todes.

Als der Hirtenjunge bei dem Riesen angekommen war, fiel er auf die Knie.

»Sie töten wieder meine Vikunjas und meine Alpakas, sie lassen sie nicht in Ruhe!«, klagte er unter Tränen. »Diese Männer sind wieder gekommen. Bitte, Huasa Mallku, du Beschützer der Tiere, tu etwas!«

In der Ferne sah man vier schöne Vikunjas und zwei Alpakas atemlos laufen, sie sahen aus wie Wolkenknäuel, die von einem bösen Wind vorangetrieben wurden.

Huasa Mallku stellte sich hin und breitete seine Arme aus, so dass aus seinem riesigen Poncho ein magischer Zauberwind hervorkam, der die ganze Gegend erfüllte. Die Tiere wurden sofort unsichtbar. In der Ferne zeichneten sich die Gestalten der Verfolger ab. Dann konnte man erkennen, wie fassungslos sie waren, als sie die Spur ihrer Beute durch den Zauber verloren hatten.

Das Kind umarmte den Riesen. Der nahm es zärtlich in seine Arme. »Deine Alpakas und Vikunjas sind gerettet«, sagte er zu ihm.

Die Männer kamen immer näher. Doch dann begann plötzlich die graue Füchsin zu heulen. Voller Panik wichen die Männer zurück.

Bisher hatte Walburga alles nur beobachtet. Aber plötzlich hatte sie große Lust, sich einzumischen. Zu gerne würde sie die bösen Menschen bestrafen, die die Vikunjas quälen wollten.

»Du, Huasa Mallku, könntest du mir nicht meine Kräfte zurückgeben? Dann würde ich sie in federlose Raben verwandeln, damit sie in dieser Kälte erfrieren.«

Das bedeutet, dass es im Winter auf dem Altiplano so kalt ist, dass auch eine Märchenhexe diese Kälte nicht leicht aushält.

»Nein«, sagte der Huasa Mallku. »Es steht nicht in meiner Macht, einer Märchenhexe, die vom Himmel auf mein Land gefallen ist, ihre Kräfte zurückzugeben. Ich sagte dir schon, ich beschütze die Tiere, die sich nicht verteidigen können, und die Menschen, die die Welt, die sie umgibt, lieben und für sie sorgen. Ich passe auf die Hirtenkinder auf und bestrafe die, die ihnen etwas antun wollen.«

Jetzt waren die Alpaka- und Vikunjajäger in der unendlichen Steppe des Altiplano verloren. Sie hatten die Spur der Tiere verloren, wussten aber auch nicht mehr, wie sie zurückkehren konnten.

»Wo sind wir?«, fragten sie. »Was machen wir hier?« Sie begannen zu zittern, aber nicht wegen der großen Kälte, sondern aus Angst, die sie bis in die Knochen spürten. Sie ließen ihre Waffen fallen und begannen verzweifelt zu weinen. Hinter sich sahen sie eine riesige Herde von weißen Alpakas und Vikunjas auf sich zukommen. Es waren all jene Tiere, die sie all die Zeit verfolgt und getötet hatten. Die Tiere flogen fast über die Erde. Die Jäger fürchteten, von ihnen niedergetrampelt zu werden. So waren sie die ganze Nacht lang Gefangene der Halluzinationen, die Huasa Mallku ihnen schickte.

Am folgenden Tag, bei Morgengrauen, sah man die schönen Alpakas und Vikunjas friedlich weiden. Der Junge dankte Huasa Mallku und kehrte glücklich nach Hause zurück. Die Verfolger der Tiere waren geflohen und würden nie wiederkommen.

»Das wird ihnen eine große Lehre sein«, sagte der Riese. »Sie werden bestimmt nicht wiederkommen, um deinen Tieren zu schaden.«

»Wie hast du das gemacht?«, fragte Walburga neugierig.

»Ich habe ihnen nur die Angstgefühle der Alpakas und Vikunjas eingegeben, die diese hatten, als sie von ihnen verfolgt wurden. Dann wandte er sich der Hexe Walburga zu und übergab ihr vertrauensvoll einen schönen Schatz.

»Nimm dieses Geschenk an, das golden ist wie das Gras des Altiplano«, sagte er.

Niemand kann die anderen zerstören

ohne sich selbst zu zerstören.

Dann hob er seinen weißen Poncho in die Höhe, verwandelte sich wieder in den großen Kondor, der Walburga das Leben gerettet hatte, und flog davon.

Walburga begann, darüber nachzudenken, wie viel Schaden sie schon angerichtet hatte und nahm sich vor, ein Mittel gegen die Schlaflosigkeit von Dornröschen zu finden und mit dem Prinzen über Schneewittchen zu sprechen, damit er sie etwas besser verstehen könne. Sie merkte gar nicht, wie ihr, während diese edlen Gefühle in ihrem Herzen geboren wurden, ein schöner weißer Zahn wuchs, der ihr hässliches Gebiss vergessen ließ.

Die verzauberte Queña

Walburga beschloss, ihre einsame Reise fortzusetzen. Sie musste einen Freund finden, der ihr helfen würde, ihren Besen wieder zu reparieren und ihre Zauberkräfte wieder zu erlangen. Aber eigentlich war sie mehr und mehr davon überzeugt, dass sie diese kaum noch brauchen würde, weil sie bösartig und grausam waren.

Plötzlich hörte sie ein kummervolles Weinen. Es war so schmerzerfüllt, dass sich ihr das Herz zusammenkrampfte.

»Wer bist du? Warum weinst du?«, fragte sie und sah sich um.

Es war niemand da, nur der Wind.

»Wind, bist du es, der heult?«, fragte Walburga. Eine leichte Brise antwortete ihr:

»Schau zu deinen Füßen, Walburga!«

Tausend himmlische Schlangen!, staunte die Hexe. Dort lag eine Art Flöte, die so alt und eingestaubt war, dass sie von dem trockenen Boden fast nicht zu unterscheiden war. Kaum hatte sie sich gebückt, um sie aufzuheben, vernahm sie wieder das schmerzliche Stöhnen. Dann näherte sie sich weiter, aber nur, um mit der Stimme zu sprechen, die aus der Flöte kam. Sie beugte sich noch weiter zu der Flöte hinab.

»Wer bist du?«, fragte sie. »Was kann ich für dich tun?«

»Ich bin das Klagen des verliebten Inka«, sagte die Stimme.

»Was ist ein Inka?«, fragte Walburga.

»Wie ist es möglich, das nicht zu wissen?«, sagte darauf die Brise und drehte sich noch einmal um. Aber dann erklärte sie es ihr und erzählte von den alten Völkern des Collasuyo und dem Reich der Inka sowie von der brutalen Eroberung durch die Spanier.

»Oh, verliebter Inka! Warum leidest du?«, fragte Walburga.

»Weil ich die Spur meiner Liebsten nicht finden kann«, sagte die Stimme und klang dabei immer noch weinend.

»Um der tausend himmlischen Schlangen willen, hör endlich auf zu heulen. Das ist doch nicht zum Aushalten«, schimpfte Walburga, der jedes Mal, wenn sie sich aufregte, die Knie zitterten und wie Kastagnetten aneinanderschlugen. »So kann ich dich gar nicht verstehen. Komm aus der Flöte heraus, Prinz.«

»Das hier ist eine Queña. Es ist ein für mein Land typisches Musikinstrument. Und du sag mir, was ist ein Prinz?«, erwiderte die Stimme.

Jetzt musste die Hexe von den Königen und Königinnen in Europa erzählen und von den Prinzen und Prinzessinnen, die dort früher regiert hatten. Denn sie hatte ihn Prinz genannt, weil er ein adliger Inka des Geschlechts von Tawantinsuyu war.

»Der Name *Prinz* gefällt mir nicht«, sagte die Stimme aus der Queña. »Nenne mich Inka, denn ich bin ein Inka.«

»Schon gut. Ich sag' es nicht mehr«, entschuldigte sich die Hexe. »Aber jetzt erzähl' mir deine Geschichte!«

»Als die spanischen Eroberer kamen«, so begann der Inka mit seiner Erzählung, »zerstörten sie alle unsere Heiligtümer (zerstören heißt zunichtemachen und keinen Stein auf dem anderen zu lassen) raubten, töteten und versklavten die Menschen und unterwarfen unsere Völker auf grausame Weise.

Ich war damals mit der schönsten Ñusta (= Prinzessin des Inkareiches) des Mondtempels verlobt und wollte sie zur Frau nehmen. Sie hatte langes schwarzes Haar und Augen wie Sterne, sie war die liebste Tochter des Mondes, mein Licht und mein einziger Traum.

Aber ich musste mich in einem Kampf dem Häuptling der Weißen stellen, das heißt dem Anführer der spanischen Eroberer. Er hatte einen Bart und eine dunkle Mähne, Augen wie Feuer und eine seltsame Waffe, aus der der Tod herauskam. Mich traf der Tod aus seiner Waffe, er durchquerte meine Brust, verwundete sie unheilbar, und durch die Wunde entwich meine verzweifelte Seele auf der Suche nach meiner geliebten Ñusta.«

»Wie schrecklich!«, sagte Walburga. »Das ist ja schlimmer als bei Romeo und Julia. Und dann heißt es dass wir Hexen so schlimm wären. ... Und dann?«

»Und dann hat der Wind meinen Geist in dieser Queña festgehalten, um mich zu retten.«

»Aber, warum?«

»Weil eine Vorherbestimmung erfüllt werden musste, die später zu einer Legende wurde«, sagte der Inka.

»Um der tausend himmlischen Schlangen willen! Was ist das für eine komplizierte Geschichte!«, meinte die Hexe.

»Seitdem hält der Wind mich fest. Er lässt mich nicht auf die Suche nach meiner Geliebten gehen. Verstehst du?«

»Und was muss geschehen, damit der Wind dich freilässt?«, fragte Walburga.

»Ich muss warten.«

»Warten worauf?«

»Warten, dass meine Liebste mich ruft. Sie muss mich rufen, damit wir gemeinsam unseren Auftrag erfüllen können.«

»Und weshalb ruft sie dich nicht?«, fragte Walburga.

»Sie ist verzaubert«, antwortete der Inka.

Walburga ahmte den Pfiff, den sie vom Kobold der Taperas gelernt hatte nach und rief den Wind, der etwas abseits sein Unwesen trieb und Staub aufwirbelte. Er kam sofort und hätte ihr beinahe den großen Hut weggeweht.

»Koff, koff«, hustete die Hexe. » Um der tausend himmlischen Schlangen willen, etwas mehr Respekt, bitte! Nicht so stürmisch!«

»Ufffff! Warum hast du mich gerufen?«, fragte der Wind.

»Ich wollte wissen, ob du, der du dich überall herumtreibst, nicht etwas von dieser Verzauberung weißt, die verhindert, dass sich zwei Wesen, die sich lieben, treffen können. Hat vielleicht eine meiner Kolleginnen etwas damit zu tun?«

Fuuuuuuchchch! machte der Wind. »Nein, in dieser Geschichte kommt keine Hexe vor, wohl aber ein Zauber und eine Vorherbestimmung.«

»Hör mal zu:

Wenn mich nicht mein Gedächtnis täuscht
ist es der verliebte Inka
der seine traurige Geschichte erzählt
und verzweifelt weint.
Es war ein aggressiver Spanier
der bei unglücklicher Gelegenheit

in vollem Licht der Sonne
das Herz ihm durchbohrte.
Es stand am Himmel geschrieben
dass dieser tapfere Inka
das Heil und den Frieden
für sein Volk finden würde.
Der verzauberte Geist des Inka
überwand den Tod
und wartete in vergangener Zeit
auf das Geschehen der Gegenwart.«

»Und die berühmte Ñusta von der Lagune?«, fragte Walburga.
»Fuuuuchch. Hör mir zu! Ich bin noch nicht fertig«, sprach der Wind:

Wenn der verliebte Inka
von seiner Geliebten gerufen wird
müssen sie zusammen fortziehen
und ihr Volk befreien.
Nur ein magisches unwirkliches Wesen
kann sie finden,
die in dem verzauberten See
vergessene Ñusta.

»Fiuuuuuu! Mehr kann ich dir nicht sagen«, sprach er und war verschwunden.
»Um der tausend himmlischen Schlangen willen! Und jetzt ist er einfach weg!«, sagte Walburga verärgert. Sie hockte sich hin und fragte die Queña:
»Sag' mir, verliebter Inka, ist dein Volk immer noch unterdrückt?«

»Mein Volk ist auch noch verzaubert«, antwortete der Inka. »Die Nachkommen der Inkas haben ihre Geschichte, ihren Ursprung und die weisen Lehren ihrer Vorfahren vergessen. ... Es ist unsere Aufgabe, ihr Bewusstsein wieder zu erwecken und sie daran zu erinnern, wer sie wirklich sind.«

»Ich weiß nicht, wie ich dir helfen kann, Prin..., nein, ich meine, Inka«, seufzte Walburga, während sie sich am Kopf kratzte. » Aaah! Ich habe eine Idee! Mal überlegen .... Wie hat Aladin das noch mit seiner Wunderlampe gemacht, um den Geist aus ihr zu befreien?« Sie begann, die Queña energisch mit dem Ärmel ihres schwarzen Kleides zu reiben. Leider passierte nichts. Sie probierte ein paar Mal, bis der Inka sie bat, aufzuhören. Es war ihm davon ein wenig schwindlig geworden.

»Du hast ja überhaupt kein Temperament!«, schimpfte die Hexe. »Vielleicht müsste der Wolf einmal kräftig pusten wie bei dem Haus mit den drei kleinen Schweinchen. Diese Queña ist ja fast nur ein Strohhalm!«

Fiuuuuuu! Man hörte nur verstimmte Klagelaute.

Nun wurde es Nacht. Walburga gab auf, nahm die Flöte und steckte sie in ihren Hut zu der süßen rosa Liebkosung und dem goldenen Andenken. Sie vergaß ihren kaputten Besen und sah zum Himmel empor. Da sah sie eine große schwarze Wolke, die sich langsam bewegte.

»Woooolke!«, rief sie. »Würde es dir etwas ausmachen, mich mit zum Ufer des Heiligen Sees zu nehmen?«

»Nein«, sagte diese. »Dahin bin ich sowieso unterwegs.« Und sie schickte einen dichten Nebel in Form einer Treppe zu Walburga hinunter, damit diese hinaufsteigen und sich auf das weiche Wolkenbett setzen konnte, das sie durch die Lüfte mitnahm.

»So hat sich wahrscheinlich Aladins Prinzessin auf ihrem fliegenden Teppich gefühlt«, dachte Walburga insgeheim bei sich.

Der geheimnisvolle Yatiri

Als sie am Ufer des schönen heiligen Sees der Inka angekommen waren, ließ die schwarze Wolke ihre feinen
Regenfäden hinunterfallen. An ihnen konnte die Märchenhexe hinabgleiten.

Es war die Stunde der Abenddämmerung. Der See sah
aus wie ein Stück Himmel, das zusammen mit seinen
strahlenden Sternen herabgefallen war. Die Oberfläche
des Wassers glänzte silbern. Walburga war ergriffen von
diesem Anblick. Solch ein Gefühl hatte sie zuvor noch
nie gehabt. Noch vor kurzem wäre ihr dieser Ort abscheulich vorgekommen, doch jetzt war sie von der
Schönheit hingerissen.

Vielleicht bemerkte sie darum auch nicht den strengen
finsteren Blick des buckligen Alten mit den kleinen tief-
liegenden Augen unter von Falten zerfurchten Augenli-
dern. Der Alte trug einen handgefertigten Poncho von
schwarzer bis purpurroter Farbe und eine Wollmütze mit
seltsamen, geheimnisvollen Symbolen. Als sie ihn bemerkte, erschrak sie sehr.

»Wow! Um der tausend himmlischen Schlangen willen!«, entfuhr es ihr. »Wer bist denn du?«

»… Und du, wer bist du?«, fragte der Alte sie in einer
seltsam fremden Sprache, die sie trotzdem verstehen
konnte. Es ist schließlich bekannt, dass Hexen mehr-
sprachig sind, sonst könnten sie nicht in den Märchen
überall auf der Welt herumgeistern.

»Bist du etwa ein böser Geist oder eine erbärmliche
Hexe?«

»Ich bin Walburga vom Blocksberg, eine Märchenhexe aus Deutschland, zu Ihrer Information«, sagte sie feierlich und ernst.

»Was sagst du!? Eine Hexe? Von welchen Märchen sprichst du denn?«, fragte der Alte mit genauso ernster Stimme, ohne die geringste Erregung oder Erstaunen zu zeigen.

»Von Dornröschen, von Hänsel und Gretel, vom Kampf mit dem Zauberer Merlin ...«

»Hältst du mich zum Besten?«, fragte der Alte, ohne die Stimme zu erheben, aber jetzt mit strengerem Blick.

»Nein, nein, nein, hör zu ... , bitte«, bat Walburga. Der Alte hatte sie etwas aus der Fassung gebracht. Sie war völlig überrascht, dass er nicht wusste, wer sie war. Hatte er vielleicht nie etwas von den Märchen gehört?

»Hier«, sagte der Alte bestimmt, »sind wir Laikas die Einzigen, die die Gabe und das Wissen haben, zu hexen oder einem Zauber wieder seine Kraft zu nehmen. Nur wir können mit der Magie oder Hexenkunst umgehen und die Zukunft erkennen. ... Wir allein sind die Hüter der Geheimnisse der Pflanzen, der Tiere und der Gesteine.«

»Um der tausend himmlischen Schlangen willen! Wozu nutzt euch dieses ganze Wissen?«, fragte Walburga.

»Um Krankheiten zu heilen, um das Schicksal zu wenden, um Leben oder Tod zu geben«, sagte der Alte.

»Ahaaaa! Dann sind Sie also ein Hexenmeister, ein Kollege von mir. Sehr erfreut ... « Walburga bemühte sich, freundlich zu sein und mit ihrem neuen Zahn ein wenig zu lächeln. Aber noch hatte sie den Satz nicht zu

Ende gesprochen, als der Mann plötzlich energisch aufstand.

»Untersteh dich, du Unverschämte! Ich bin ein achtbarer Laika, ein Yatiri.«

»Entschuldigung! Aber können Sie mir sagen, was ein Yatiri ist?«, fragte sie nun etwas ängstlicher. Der Mann verunsicherte sie mit seiner Geheimnistuerei.

»Ein erfahrener, älterer Mensch, ein Mann, der viel Wissen hat und Ratschläge geben kann.«

»Da, wo ich herkomme, nennen wir diese Menschen Weise oder Zauberer«, sagte Walburga und erzählte ihm von den Hexen in den europäischen Märchen. Sie sagte, die Hexenfrauen wären dort viel wichtiger als die Hexenmänner. Sie wären stärker und mächtiger. Alle wären böse, sehr böse sogar. Außerdem gäbe es dort Feen und Zauberer, Prinzen und Prinzessinnen, Menschenfresser, Gnome, Riesen, Drachen, Vampire, Geister und böse Stiefmütter.

Er erzählte ihr, dass es auch in diesem Land übernatürliche Wesen gäbe wie die Japiñuñus. Das seien als Frauen verkleidete Kobolde, die nachts mit entblößten Brüsten durch die Lüfte fliegen. Oder der Khatekhate, ein Totenkopf, der durch die Straßen geht und nach seinen Feinden suche, um sich zu rächen. Oder der Kharisiri, der besonders gefährlich und darum sehr zu fürchten sei. Und es gäbe noch viele mehr, die anders seien als die aus Walburgas Welt, aber auch ähnlich. Obwohl das eigentlich ein Widerspruch war, waren sich die beiden darin einig. Und dann erzählte Walburga ihm die Geschichte von ihrem zerbrochenen Besen und ihren verlorengegangenen Zauberkräften.

Der alte Mann bot ihr ein wenig Koka an. So lernte sie das, was man *p'ijchar* nennt. Das ist Art die Kokablätter so zu kauen, bis sie eine Kugel im Mund bilden und dann den ganzen Saft aus ihnen herauslutschen. Koka ist die heilige Pflanze der Andenvölker und sieht so aus:

Walburga sagte, sie habe auf ihrem Weg in diesem Erdteil noch keine einzige Hexe getroffen. Dann fragte den Alten, wie die Hexen hier seien.

»Sie sind alt und abscheulich, unfähig, die Zukunft vorherzusagen oder irgendein anderes Geheimnis zu entdecken. Erbärmliche Giftmischerinnen.«

Walburga wurde ein wenig rot und gestand: »Ja, ich war auch einmal so. Aber ich habe begonnen, mich zu ändern. Schau mal, ich habe jetzt einige neue Schätze, die ich in deinem Land gesammelt habe.« Sie lüftete ihren Hut und zeigte ihm die schöne rosa Liebkosung, das goldene Andenken und die verzauberte Queña.

Als der alte Mann die Queña sah, erblasste er.

»Du hast die Queña, in der die Seele des verliebten Inka eingeschlossen ist!«, sagte er und nahm die Flöte ganz vorsichtig in die Hand.

»Ja, sagte Walburga. Ich habe sie auf dem Altiplano gefunden und habe sie für alle Fälle mitgenommen. Ich würde ihm gerne helfen. Er sucht seine Prin... nein, ich meine, die Ñusta vom Mond. Weißt du etwas von ihr?«

Während sich der Blick des Alten am Rande des Horizonts verlor, begann er zu sprechen:

»Nachdem der weiße Mann den jungen Inka getötet hatte, der in die Ñusta verliebt war und die er heiraten sollte, zog er mit seinem Heer zur Mondinsel. Dort wohnten die schönsten Mädchen des gesamten Inkareichs, die auserwählt worden waren, den Mond zu verehren. Die Spanier überquerten den Titicacasee. Als sie an das Ufer der Insel kamen, begannen sie nach Reichtümern und Schätzen zu suchen. Und als sie den Tempel gefunden hatten, nahmen sie das Gold und die wunderschönen Bilder von dort mit.

Den verzweifelten Ñustas gelang es, durch einen geheimen Tunnel ans Ufer des Sees zu fliehen. Dort warteten Schilfboote auf sie. Die starken und wilden weißen Männer versuchten, ihnen zu folgen. Sie wollten sie misshandeln und zu einem Teil ihrer Beute machen. Aber weil die Ñustas die Wege der Insel gut kannten und wussten, wie man mit den wendigen Booten fahren konnte, konnten sie sich retteten.

Der Anführer der Spanier, der mit dem Bart, den dunklen Haaren und den feurigen Augen, hatte ein Auge auf die schönste der Ñustas geworfen. Das war genau diejenige, um derentwillen der verliebte Inka gestorben war. Obwohl der Spanier ihr folgte, konnte er sie nicht erreichen. Denn sobald die Ñusta ins Boot gestiegen war, nahm der Titicacasee sie auf seinem Wasser mit.

Schließlich ist er ein heiliger See. Als die Verfolger sich auf der Mitte des heiligen Sees befanden, strafte dieser sie. Es kam ein wütender Sturm auf, der ihre Schiffe hin und herwarf und schließlich an einem Felsen zerschellen ließ.

Alle Ñustas kamen an einem sicheren Ort an, außer der einen, der hübschesten, der Mondñusta. Der heilige

See hatte sie, weil er den wilden unbezähmbaren Charakter des Verfolgers fürchtete, für immer verzaubert. Seit diesem Tag ist die Mondñusta in dem verzauberten Boot verborgen und schläft dort sanft. Schau, es sind schon 500 Jahre vergangen, und noch ist die Voraussage nicht eingetroffen:

Wenn der verliebte Inka
von seiner Geliebten gerufen wird
müssen sie miteinander gehen
und ihr Volk befreien.
Ein magisches, unwirkliches Wesen
kann sie finden.
Die verzauberte Ñusta
liegt in einem verzauberten Boot.«

»So ist das!«, sagte der Alte und blickte die Hexe an. »Dieses magische unwirkliche Wesen, das bist du, Walburga!«

Die Verliebten begegnen sich

Der alte Yatiri ging in die Hocke und breitete seinen Poncho auf dem Boden aus. Dann streute er eine Handvoll Kokablätter darauf. Einen Moment lang betrachtete er in Ruhe die Lage der Blätter, ihre Farbe, ihre Größe und wohin ihre Spitzen zeigten, und sagte:

»Du, Walburga, die du aus der Magie und der Fantasie gekommen bist, wirst heute Nacht bei Vollmond das verzauberte Boot sehen können.«

Walburgas Herzklopfen unterbrach die Stille.

»Hör zu«, sagte der alte Mann, »aus der Koka lese ich, dass die Ñusta nur durch ihre eigene Hoffnung gerettet werden kann. Wenn sie die verloren hat, kann man nichts mehr machen. Dann wird sie tot sein. Und der Prinz wird nie mehr aufhören können zu weinen und für immer in der Flöte bleiben.«

Es dauerte nicht lange, und der große helle Mond tauchte nach Sonnenuntergang hinter den noch rötlichen Schleierwolken über dem Wasser auf. Er hatte einen neuen, geheimnisvollen Glanz, der dem See ein Aussehen gab, das der Hexe aus den schönsten und fantastischsten Märchen bekannt war.

Ein leichter Nebelschleier fiel auf das Wasser. Dann plötzlich zeichnete sich am Horizont ein Boot ab. Es wurde sanft von den Wellen geschaukelt, so wie wenn eine Mutter ihr Kind in den Armen wiegt.

»Jetzt ist der Moment gekommen«, sagte der Yatiri. »Geh' jetzt!«

Die Märchenhexe hielt einige Augenblicke lang den Atem an, bis sich das Klopfen ihres aufgeregten Herzens etwas gelegt hatte. Dann trat sie auf den See hinaus. Das

Licht des Mondes wurde noch heller. Die Wasser schienen gefroren zu sein, denn als Walburga ihre Füße auf den See setzte, konnte sie darauf wie auf einem Spiegel gehen.

Als sie beim Boot angekommen war, sah sie darin die wunderschöne Ñusta, die Tochter des Mondes. Diese war vollständig in einen langen Umhang aus ihren eigenen Haaren gehüllt, die während ihres 500 Jahre andauernden Schlafes gewachsen waren.

»Um der tausend himmlischen Schlangen willen!«, sagte Walburga zu sich. »Sie wird doch nicht tot sein?« Sie beugte sich über die Brust der Ñusta, um zu hören, ob ihr Herz noch schlug. Es schlug!!

»Ja, sie lebt! Und sie ist so schön, auch wenn sie ganz anders als Dornröschen aussieht. Aber beide haben gemeinsam, dass sie durch einen Zauber schlafen, dachte Walburga. Aber wenigstens bin ich in diesem Fall nicht schuld daran.

Sie nahm die Queña des verliebten Prinzen aus ihrem Hut und blies auf ihr so zart sie konnte, so dass eine schöne Melodie ertönte, so schön wie die, die Verliebte hören, wenn sie sich ansehen.

Da erwachte die Ñusta aus ihrem langen Schlaf und öffnete die Augen. Diese hatten die Farbe und die Form von Kokablättern.

Walburga lächelte sie freundlich an und erzählte ihr, warum sie gekommen war. Sie gestand ihr, wie sehr sie sich freute, dass sie helfen konnte, diesen Zauber zu brechen, und dann sagte sie:

»Jetzt kannst du deinen Prin ... , nein, ich meine, deinen geliebten Inka, treffen. Nur, wenn er deinen Ruf hört, wird er von dem Zauber befreit und kehrt ins Leben zurück.«

Die Ñusta dankte ihr und umarmte sie wie eine Schwester. Sie gestand ihr, dass sie die Hoffnung nie aufgegeben hatte, dass dieser Moment kommen würde. Das lange Warten und Hoffen habe nun ein Ende. Beides hatte sie gelehrt, zu überleben.

»Nimm, Walburga«, sagte sie. »Damit du mich nie vergisst. Zum Dank überreiche ich dir diese grüne strahlende Hoffnung. Es ist alles, was ich habe und was ich dir geben kann.«

Krick, krick! Schon wieder dieses Herz! Walburga bewahrte auch den neuen Schatz unter ihrem Hut. Ohne ein Wort zu sagen, verließ sie das Boot. Kaum hatte sie wieder festen Boden unter den Füßen, begann der See wieder Wellen zu schlagen. Und in der Ferne konnte man die Stimme der Mondñusta vernehmen, wie sie ihren geliebten Inka beim Namen rief.

Dieser wurde sofort vom Wind befreit und in die Arme seiner Liebsten getragen. Bald verlor sich das Boot gemeinsam mit dem Paar am Horizont. Jetzt würde es seine große Aufgabe erfüllen.

Walburga wischte sich heimlich eine Träne ab und sah sich dann nach dem Yatiri um. Aber der war bereits gegangen

Der Kharisiri

Walburga besaß nun die grün glänzende Hoffnung und machte sich auf den Heimweg. Sie war sehr erstaunt, dass sie diesen Zauber ohne ihre Zauberkräfte hatte lösen können, einfach dadurch, dass sie nur sie selbst war.

Der Yatiri war verschwunden und die Wolke ebenfalls. Am Himmel erstrahlten die Sterne. Sie schienen Walburga so nah zu sein, dass sie ein paarmal hoch sprang und versuchte, sie mit den Fingerspitzen zu berühren.

Jetzt, wo die Wolke fort war, konnte sie sie nicht mehr darum bitten, sie mitzunehmen. So blieb ihr nichts anderes übrig, als zu warten, bis wieder etwas Besonderes geschehen würde, so wie sie es jetzt schon ein öfter erlebt hatte.

Und da geschah es auch schon. Walburga entdeckte einen Weg und ließ sich von ihm bis zu einem seltsamen Ort führen, an dem die Bäume und die Büsche lebendige Geschöpfe der Nacht zu sein schienen.

Plötzlich hatte die Hexe das Gefühl, ein Loch in ihrem Herzen zu spüren. Ein großes Loch, das immer größer, immer größer und größer wurde, und sie konnte nichts dagegen tun. Dieses Loch schien sie von innen aufzufressen. Noch nie hatte sie so etwas gefühlt. Sie wusste noch nicht einmal, wie sie es nennen sollte. Es war Angst. Sie schaute um sich und sah auf einmal tausend Gesichter mit entsetzlichen Fratzen. Tausend Augen beobachteten sie scharf. Hungrige Mäuler öffneten sich und schlossen sich wieder, sobald sie sich ihnen zuwandte. Ein modriger Atem kroch hinter ihrem Rücken hervor…

Sie war eine Hexe. Und normalerweise sind Hexen begeistert von dem, was Schrecken einjagt, vielleicht, weil sie dies nie selber gespürt haben. Aber jetzt konnte Walburga den Schrecken selber spüren. Sie hatte aufgehört, eine gewöhnliche Hexe zu sein. Der Kastagnettenklang ihrer aneinander schlagenden Knie machte sie noch nervöser. Aber dagegen konnte sie nichts tun. Die Angst ergriff immer mehr Besitz von ihr. Das Knirschen der Zweige, das unaufhörliche Zirpen der Grillen, das Flattern der Fledermäuse und die herumfliegenden Nachtschmetterlinge, alles machte ihr auf einmal Angst. Die Zeit schien still zu stehen, und jede Sekunde wurde ihr zur Qual. Schließlich war die Angst so groß geworden, dass sie über ihre eigenen Beine stolperte und nicht mehr weitergehen konnte.

Plötzlich sah sie zwischen den Zweigen etwas, das sich bewegte. Es schien ein Tier zu sein, eine abscheuliche Bestie.

Sie hielt den Blick fest auf das seltsame Wesen gerichtet. Es war eine Art Affenmensch, ungefähr einen Meter hoch und ganz behaart. Seine Augen waren weit geöffnet und blickten sie böse an. Seine langen Finger umfassten ein Messer.

Walburga brachte kein Wort heraus. Nur unzusammenhängende Laute kamen aus ihrer Kehle: … Tau …tau …send himm …himm …himmlische Schla ….Schlangen!

»A n g s t! Du hast Angst, sagte das schreckliche Wesen – und öffnete dabei sein Maul voller riesiger spitzer Zähne. Oh, ich mag die Angst! Ich ernähre mich von der Angst, der Angst der Menschen, der Angst von Männern, Frauen und Kindern!«

»Wie... wie ... wird man die Angst los?«, fragte Walburga, während sie zurückwich, als das seltsame Wesen langsam auf sie zuging. Sie dachte an ihre Zaubersprüche. Aber keiner schien für diese Gelegenheit brauchbar zu sein. Ihre Angst wurde immer größer. Und sie konnte nichts dagegen tun.

»Kennst du mich nicht?« »Ich bin der Kharisiri«, sagte das Wesen schließlich. »Deine Angst wächst für mich, weißt du das? Ha, ha, ha!«

Walburga konnte jetzt nicht mehr fliehen. Der Kharisiri hatte sie gefangen. Sie sah die Klinge seines Messers neben ihrem Gesicht. »Weißt du, wofür dieses Messer da ist?«, fragte er. »Um dir das ganze Fett aus dem Körper herauszuschneiden. Deine Lebendigkeit werde ich dir wegnehmen. Du wirst knochendürr zurückbleiben. Ich werde aus dir ein schwächliches Wesen machen. Und wenn du stirbst, werde ich kommen und den Rest von dir mitnehmen.

Bis zu diesem Augenblick hatte Walburga nicht denken können. Die Angst hatte sie völlig gelähmt. Aber plötzlich begann diese, ihre Füße zu verbrennen. Da spürte sie, wie eine starke Kraft in ihr wuchs.

»Wenn er sich von Angst ernährt, dann kann ich ihn besiegen«, dachte sie. Sie atmete tief, schöpfte Mut. Mit zitternder Stimme sagte sie:

»Ich habe keine Angst vor dir, Kharisiri.«

»Oh! Du forderst mich heraus?« Der Kharisiri wollte sich auf sie stürzen. Doch Walburga wich geschickt aus, indem sie auf einen Baumstamm sprang. Noch einmal sprang der Kharisiri auf sie zu und noch einmal wich die Hexe zur Seite. Er streckte das Messer aus und bedrohte, indem er mit ihr in der Luft herumfuchtelte. Sie wich aus,

versteckte sich hinter den Bäumen. Aber er überraschte sie und hätte sie beinahe verletzt. Da warf sie ihm einige Zweige ins Gesicht. Für sie wurde es mehr und mehr ein Spiel. Dadurch wurde er immer zorniger. Aus ihrem Versteck hinter den Sträuchern rief Walburga ihm zu:

»Juuuuhuuuuu!« Und wenn er sie fast erreichte, war sie wieder verschwunden.

»K'ariiiiiiiiiiiiiiiisiiiiiiiiiiiiiiiiiiiiiiriiiiiiiiiiiii.« Hinter einem Baum.

»Du kriegst mich nicht!« . Auf einem Ast.

»Juuuuhuuuu, Fiuuuuuuu!« Und je mehr Walburga dieses Spiel spielte, umso kleiner wurde ihre Angst, immer kleiner. Plötzlich konnte sie sehen, wie lächerlich und dumm dieses Geschöpf war. Wenn sie keine Angst hatte, wirkte es fast lächerlich.

Währenddessen wuchsen die Wut und der Ärger des Kharisiri. Wer mochte wohl diese kleine freche Alte mit dem großen spitzen Hut sein, die es wagte, ihm zu trotzen , ihm, dem König der Nebel, dem König des Schreckens?

Wer konnte das sein, der so viel Leben, so viel Geschicklichkeit und so viel Mut besaß? Wer war diese kleine Frau, die schneller war als er und stärker als er? Je mehr Angst Walburga verlor, umso schwächer und kleiner wurde der Kharisiri. Am Schluss ergab er sich. Er wollte ihr nicht mehr hinterher laufen. Er setzte sich unter einen Baum und steckte sein Messer weg.

»Wer bist du? Sag mir, wer du bist! Warum hast du keine Angst vor mir?«

»Ich bin Walburga vom Blocksberg aus Deutschland, die Märchenhexe«, antwortete sie feierlich mit einem strahlenden Lächeln, verbeugte sich mit einer graziösen

Bewegung und hob dabei den Schleier ihres Kleides. Jetzt war der Kharisiri nur noch ein armes müdes Geschöpf, das sich seines traurigen Schicksals schämte.

»Ach so, eine Hexe!«, sagte er. »Du hast sicher sehr viel Macht, wenn du mich besiegen kannst. Weißt du, ich fühle mich sehr schwach.«

»Was habe ich getan?«, fragte Walburga.

»Du hast mir sehr geschadet. Nicht nur, dass du die Angst verloren hast, du glaubst auch nicht an mich! Das ist das Schlimmste, was mir passieren kann.« Der Kharisiri führte seine Hand zur Stirn, um seinen Kopf zu stützen, der vor Kummer schwer geworden war. »Du vergiftest mein Leben. Wenn niemand mehr an uns Schreckgestalten glaubt, dann verschwinden wir. Wie schade! Du sahst so bezaubernd aus, als ich dich erschrocken habe. Du hast mich enttäuscht, Walburga. Du ziehst mich nicht mehr an. Du machst mir Angst.«

»Das tut mir Leid«, antwortete die Hexe und setzte sich neben ihn. »Du musst verstehen, dass ich nicht zulassen konnte, dass du mir schadest. Schau, wenn es dich tröstet, ich hatte auch einmal Zeiten, in denen ich bitterböse war.« Und sie erzählte ihm, was sie als Hexe angestellt hatte.

Der Kharisiri lachte ausgelassen und genoss es. Aber das Lachen machte ihn noch schwächer. Am Ende schaute er sie lange an und sagte dann:

»Schade, dass du dich so geändert hast, Walburga! Wir hätten uns prächtig verstanden. Ich muss meinen Weg fortsetzen, denn ohne die Angst der anderen muss ich schließlich sterben. An deiner Seite geht es mir mit jedem Augenblick schlechter.

Und so ging der Kharisiri langsam davon wie ein alter Mann, der seine Füße hinter sich herschleppt.

»Der erschrickt keine Ameise mehr«, sagte Walburga zu sich. Sie war zufrieden, dass sie ihn besiegt hatte.

Platsch, platsch, platsch! Sie hörte ein Klatschen zwischen den Sträuchern. »Bravo! Walburga!«

»Wer bist du?«, fragte sie erstaunt.

»Fabiola, die Eule. Ich habe gesehen, wie du den Kharisiri besiegt hast.«

»Oh! Danke!« Walburga fühlte sich sehr geschmeichelt. Sie hatte nicht daran gedacht, dass es jemand gesehen haben könnte. »Aber ich kann dir sagen, dass es nicht leicht war!«

»Das weiß ich«, sagte Fabiola »Das Wichtigste ist, dass du den Mut entdeckt hast.«

»Ich habe doch nichts entdeckt? Wie meinst du das, Eule?«, fragte sie.

»Natürlich, du hast dich der Angst entgegengestellt und sie besiegt. Das ist ein großer Schatz.«

»Aber, ... es hat mir niemand diesen Schatz geschenkt.«, sagte Walburga wieder.

»Nimm mal deinen Hut ab! Da ist er.«

Walburga nahm ihren Hut ab. Tatsächlich! Was für ein Glück! Da war dieser Schatz, weiß und glühend, in ihr selbst entstanden: der Mut!

Das Tal der Geflohenen

Nach der Begegnung mit dem Kharisiri, bei der die Hexe Walburga ihren eigenen Mut wieder entdeckte, musste sie noch etwas unternehmen. Und das tat sie.

Es gelang ihr, sich in einen Lastwagen voller Menschen hinein zu quetschen, der unterwegs in das Valle war. Alle sahen sie von Kopf bis Fuß an und waren erstaunt über diese als Hexe verkleidete alte Frau.

Walburga fühlte sich nicht besonders wohl in der Enge zwischen den vielen Menschen.

Um der tausend himmlischen Schlangen willen, ich würde beim Känguru mit den fünfundzwanzig Schnurrbärten schwören, dass mein Besen bequemer war, dachte sie.

Das Kind ihr gegenüber starrte sie ununterbrochen an. Das war unerträglich. Die Hexe murmelte darum zwischen den Zähnen jenen Spruch, mit dem man gaffende Kinder in Mäuse verwandelt. Sie wusste, dass ihre Zauberkräfte hier nicht wirkten, aber man konnte es ja versuchen.

> *Zauber vier-fünf-sechs,*
> *gaffendes Kind.*
> *Ich bin die Hex,*
> *wirst zur Maus geschwind.*

Nichts. Es passierte absolut nichts. Sie musste während der ganzen Reise den Blick dieser großen Augen aushalten.

Als die Landschaft immer grüner wurde und die Sonne des Valle die Spitze ihrer langen, roten Nase wärmte, forderte der Helfer des Lastwagenfahrers sie auf, wie es üblich war, für die Fahrt zu bezahlen.

»Wie bitte?«, fragte die Hexe.

»Die Fahrt kostet vier Pesos«, sagte der Junge und hielt ihr seine Hand hin.

»Um der tausend himmlischen Schlangen willen! Was weiß ich denn von den Münzen hier in diesem Winkel der Welt?«, antwortete Walburga, während sie mit den Achseln zuckte und ihm ihre leeren Hände zeigte. »Ich besitze noch nicht einmal einen lausigen Euro.«

»Ich weiß nicht«, sagte der Kassierer. Sie müssen bezahlen! Er sah sie voller Misstrauen von oben bis unten an.

»Und ich weiß nicht, wovon du sprichst. Schau, meinen ganzen Schatz trage ich hier in meinem Hut: Eine süße rosa Liebkosung, ein goldenes Andenken, ein …«

»Da ist gar nichts!«, sagte der Junge ärgerlich, und ohne ein weiteres Wort zu verlieren, gab er ihr einen Fußtritt, so dass sie vom Lastwagen flog.

»Schon wieder ein Schlag!«, jammerte sie, während sie aufstand und sich die Hinterbacken rieb. »Welch eine Unverschämtheit! Den würde ich in eine einäugige Tarantel mit Holzbeinen und weißen Fledermausohren verwandeln.«

Allmählich wurde es Nachmittag und Abend. Aber das warme Klima hüllte noch immer die Landschaft ein, und die duftenden Eukalyptusbäume wiegten sich in einer sanften Brise. Die Blätter, die sich dabei berührten, rauschten mit der Luft zusammen wie ein duftender grüner Fluss. Walburga machte es sich in einem kleinen Eukalyptuswald gemütlich und hörte aus der Ferne dem Murmeln eines Baches zu.

Lange genoss sie dieses Wunder der Stimmen von Luft und das Wasser, genoss sie den Duft nach feuchter Erde, den unendlichen Himmel und die reine Luft. Aber plötzlich schreckte sie auf. Sie hörte, dass sich jemand nähern musste. Und dann konnte sie sie auch sehen. Es waren Kinder. Ohne Zweifel, Kinder!

»Kinder im Wald?«, fragte sich Walburga. »Es werden doch nicht Hänsel und Gretel sein? Nein, die sind doch von einer anderen Ecke der Welt.« Jetzt waren sie ganz nah, und man konnte sie hören.

»Endlich konnten wir fliehen«, sagte eines der Kinder.

»Oh, ja! Diese Hexe hielt uns ja gefangen.«

»Diese Hexe!?«, wiederholte Walburga für sich. Diese Kinder kennen Hexen! »Was werden sie erst sagen, wenn sie mich sehen? Ich muss mein altes Aussehen wieder erlangen.«

Dann nahm sie all ihren Mut zusammen, versuchte, zu vergessen, was sie in dem großen Hut hatte, kam aus ihrem Versteck heraus, wobei sie ihren Buckel größer machte, als er wirklich war. Sie zeigte ihre langen schwarzen Fingernägel, die aussahen wie die Krallen eines Tigers, der in der Erde gegraben hat.

»Aha!« Sie machte einen großen Satz. »Leckere frische Kinder für die böse Hexe?«

Die Kinder blieben stehen und sahen sie mit offenem Mund und Augen groß wie Sonnenscheiben an.

»Wie hässlich!«, sagte einer, der seine Schuhe verkehrt herum anhatte, während er staunend um sie herumging.

»Eine richtige Hexe! Wie schön sie ist!«, sagte das größte Mädchen, das langes glattes Haar und einen Pony bis zu den Augen hatte.

»Hm, es geht«, meinte ein kleineres dickes Mädchen spöttisch und sah die Hexe verächtlich an.

»Und sogar mit Hut und allem, was dazugehört!«, rief ein weiteres Kind mit honigfarbenen Augen.

Der Einzige, der noch nicht einmal ihre Gegenwart bemerkte, war der Kleinste, der sich ununterbrochen in die Wange kniff und auf einen verlorenen Punkt starrte. Jetzt fühlte sich die Märchenhexe absolut lächerlich und schämte sich sogar. Ihre Wangen glühten. Es fiel ihr schwer, ihre Pose beizubehalten. Sie zog deshalb ihren Hut aus, um ihrem heißen Gesicht Luft zuzufächeln.

»Bist du etwa eine echte Hexe?«, fragte zweifelnd das Mädchen mit dem langen Pony. »Wo kommst du her?«

Ohne zu antworten zeigte Walburga zum Himmel.

»Und dabei hat man mir immer gesagt, dass es im Himmel nur Engel gebe«, sagte die kleine Dicke.

Schließlich entschloss sich Walburga, sich vorzustellen und den Kindern zu erzählen, dass sie Walburga vom Blocksberg sei und zwar genau die Hexe aus den Märchen, die jeder kannte. Sie sagte ihnen, dass sie neugierig sei auf das, was die Kinder zu erzählen hätten, da sie sie auch von einer Hexe hatte sprechen hören.

»Wer ist sie?«, fragte sie die Kinder. »Sie muss wohl böse sein, so wie ich es früher war. Denn so, wie ich jetzt bin, würde sich meine Familie meinetwegen schämen. Ja, ich war immer das schwarze Schaf.«

»Du musst den Mut nicht verlieren«, tröstete sie das Mädchen mit dem Pony. »Vielleicht erholst du dich eines Tages wieder und kehrst zu deinen Bosheiten zurück.«

»Du gefällst mir so, wie du bist«, sagte der Junge mit den Honigaugen – und in Walburgas Brust machte es *krick*. In ihrem Hut machte die kleine rosa Liebkosung einen Freudensprung, als sie die warme Berührung der Kinderhand auf ihrer Wange spürte.

»Schon gut! schon gut!«, sagte sie, denn sie war schüchtern und verschämt und zeigte nicht gern ihre Gefühle.

»Wir haben gerade von meiner Kollegin gesprochen. Wie ist sie? Vermutlich sehr böse. Denn ihr seid überhaupt kein bisschen vor mir erschrocken. Sie muss grauenhaft sein, oder?«

»Nein«, sagte der Junge mit den Honigaugen. »Sie ist keine Märchenhexe wie du. Sie ist eine wirkliche Hexe. Versteht du das?«

»Um der tausend himmlischen Schlangen willen! Ich verstehe gar nichts!«, sagte wieder Walburga. »Was für Zauberkünste beherrscht sie denn? Kann sie gaffende Kinder in Mäuse verwandeln? Prinzessinnen in einen Jahrhundertschlaf versetzen? Äpfel vergiften, um die schönsten Mädchen der Welt umzubringen. Frösche in Prinzen verwandeln? Was tut sie denn?«

»Nein!«, sagte auf einmal die kleine Dicke und verdrehte dabei die Augen und legte sich die Hände auf die Stirn. Wie dumm waren doch die Märchenhexen! Entsetzlich! »Weißt du wirklich nicht, was eine wirkliche Hexe ist? Eine w i r k l i c h e. WIRKLICH!«

»Verzeihung!, aber … «, sagte nochmal Walburga. » Wie ist denn eine wirkliche Hexe?«

»Schau mal«, antwortete jetzt das Mädchen mit dem Pony. »Sie ist eine Frau von etwa 45 Jahren, hat graues Haar und ist fast kahl. Sie trägt ihr kurzes Haar mit Pony und hat keinen Besen. Dafür hat sie aber einen dicken Stock, mit dem sie uns schlägt, wenn wir nicht gehorchen. Außerdem war sie einmal Nonne! Sie heißt Debora

Dora Fedora Giovanna vom Kreuz, und wenn man sie mit »Frau« anspricht, bringt sie einen um.

»Auch wenn man Deboradora statt Debora Dora sagt«, ergänzt Giovanna. Alle lachen.

»Sie hat keine schrille Stimme, bei der einem die Ohren nicht wehtun«, sagte der Junge, der die Schuhe verkehrt herum anhatte.

»Er sagt alles verkehrt herum, immer das Gegenteil«, erklärte das Mädchen mit dem Pony, denn Walburga verstand mal wieder nichts.

»Sie schreit nicht den ganzen Tag!«, sagte wieder derselbe Junge und hielt sich die Ohren zu.

»Sie sagt immer sehr verletzende Dinge und macht sich lustig über das, was einem wehtut«, sagte die kleine Dicke mit Hass in den Augen.

» Und sie kann nicht lachen, nicht tanzen, nicht singen, nicht spielen und keinen Beifall klatschen«, sagte der Junge mit den Honigaugen.

»Diese Hexe will, dass alles immer an seinem Ort ist: Ordnung im Hause, gute Noten in der Schule, Aufgaben und Pflichten müssen gleich erledigt werden, man muss jeden Tag um sechs Uhr in die Messe und zur Kommunion gehen. Wenn man das Putzen vergisst, wenn man an der Reihe ist, wird man bestraft!«, erklärte das Mädchen mit dem Pony.

»Und wenn man seine Aufgabe erledigt hat, wird man bestraft!«, sagte der mit den verkehrt herum angezogenen Schuhen (der alles verkehrt herum tat und sagte).

»Wenn jemand nicht zu einer bestimmten Zeit isst oder schläft, wird er bestraft!«, ergänzte die kleine Dicke.

Und dann machten alle noch eine Runde um Walburga und sangen das Lied von der Hexenhexe. Alle sangen mit, außer dem Kleinen, der sich immer noch in die Wange kniff und auf einen festen Punkt starrte.

Das Lied ging so:

Eine Hexenhexe
mit gellender Stimme
schreit mit uns
ruft uns zur Ordnung:
ESST EUER ESSEN AUF!
Wenn du deine Lektion nicht kannst,
erhältst Du eines auf die Ohren.
Wenn du in der Messe fehlst,
erhältst du eine Tracht Prügel
von der Hexenhexe
mit gellender Stimme.

Die Kinder sangen und tanzten um Walburga herum, die, wie ihr schon wisst, ein großes Talent zum Lernen hatte. Und nach einer Weile war es Zeit, auszuruhen.

»Sie ist sicher eure Stiefmutter, nicht wahr?«, fragte Walburga die Kinder. »Solche kenne ich auch.«

»Nein«, antwortete die kleine Dicke. »Wie kommst du nur auf so etwas?!«

»Dann also was?«

»Wir sind nicht aus dem Kinderheim abgehauen«, antwortete der mit den verkehrt herum angezogenen Schuhen. »Sie war nicht die Aufseherin. Wir haben es noch ausgehalten.«

»Das heißt«, übersetzte das Mädchen mit dem Pony, »dass wir tatsächlich geflohen sind, dass sie unsere Aufseherin war, eigentlich die Verwalterin, und dass wir es nicht mehr ausgehalten haben. Ich habe dir ja schon gesagt, dieser Junge sagt alles verkehrt herum.«

»Was ist ein Kinderheim?«

»Was für eine dumme Hexe du doch bist! Was hast du eigentlich in deinem Kopf?«, sagte wieder die kleine Dicke mit der unerträglichen Überheblichkeit.

Walburga wurde böse: »Hör mal, Mädchen, wenn meine Zauberkräfte funktionieren würden, hätte ich dich schon in ein Eichhörnchen mit einem Stachelschweinschwanz, mit Spinnenbeinen und einer Schweineschnauze verwandelt.«

»Ich wollte dir gerade erklären, was ein Kinderheim ist«, kam der mit den Honigaugen wieder zum Thema zurück. »Es ist ein Haus, in dem man Kinder aufnimmt, die keine Eltern haben, solange bis jemand kommt, der ein Kind mag, es annimmt und es als sein eigenes Kind bei sich aufnimmt.«

»Und wo die Eltern, die sich nicht um ihre Kinder kümmern wollen oder können, diese hinbringen«, fügte die kleine Dicke mit einem Funken Traurigkeit in den Augen hinzu. Und wo sie sie nachher vergessen.

Die Kinder schwiegen für eine Weile. Der Nachmittag ging vorbei wie ein langsamer stiller Schmerz, der das Herz ergreift.

Walburga beschloss, etwas herauszufinden, was sie unbedingt noch wissen wollte:

»Gut«, sagte sie, »und jetzt, Kinder, wie wäre es, wenn sich jeder von euch vorstellen würde?«

»Ich bin Cecilia, aber alle sagen zu mir »die Chefin«, sagte die mit dem langen Haar und dem Pony, das ihr bis zu den Augen reichte. Die Hexe bemerkte, dass sie einen einzelnen Ohrring in Form eines Mondes und eines Sternes trug.

»Ich bin dreizehn Jahre alt.«

»Und ich neun«, sagte der mit den Honigaugen. »Ich heiße Martin.«

»Ich weiß nicht, warum ich etwas erklären sollte, aber, gut, ich heiße Giovanna«, sagte die kleine Dicke. »Und ich bin zehn Jahre alt. Na und?«

»Ich bin keine sieben Jahre alt und ich bin nicht Andrés«, sagte der mit den verkehrt angezogenen Schuhen.

Da nahm die Hexe ihn auf ihren Schoß und zog ihm die Schuhe richtig herum an. Denn sie drückten ihn schon an den Zehen.

Den Kleinsten hatte »die Chefin« an der Hand, so stellte sie ihn vor:

»Das ist der kleine Daniel oder Danielito. Er ist zwei Jahre alt. Er wurde erst vor ein paar Tagen ins Kinderheim gebracht, weißt du! Seine Eltern sind bei einem Unfall ums Leben gekommen. Da blieb er allein zurück. Er hat nicht geweint, sondern hat seine Worte und seine Tränen zusammen runtergeschluckt. Sie müssen in ihm, in einem Winkel seines kleinen Bauches versteckt, sein. Vor zwei Tagen hat er angefangen, sich in die Wange zu kneifen und dabei einen festen Punkt irgendwo anzustarren.«

»Wohin schaust du, kleiner Daniel?«, fragte ihn die Hexe. »Hast du dich vielleicht in einem Traum verfangen, aus dem du nicht aufwachen willst?«

»Merkst du nicht, dass er dich nicht hört?«, sagte Giovanna.

»Die Hexenhexe hat ihm mit Gewalt den Löffel in den Mund gesteckt, damit er essen soll. Aber dann hat er den Mund so fest zugemacht, dass er durch nichts mehr aufging, noch nicht einmal durch die Prügel, die er von ihr bekommen hat. Das Leid des kleinen Daniel hat uns den Mut gegeben, zu fliehen. Sonst wären wir jetzt nicht hier.«

»Was für eine traurige Geschichte!«, seufzte Walburga und versuchte, das *Krick, krick* ihres Herzens zu überhören.

Sie streckte die Arme aus, nahm den Kleinen und zog ihre süße rosa Liebkosung aus dem Hut, um sie ihm zu geben.

Das Kind lehnte sein Köpfchen an die Brust der Hexe, aber sein Gesicht blieb unverändert, und er kniff sich auch weiter in die Backe. »Er hat Liebeskummer«, sagte Giovanna, er sucht Liebe.

»Dieses Übel können wir heilen«, sagte Martin. »Wenn wir nur den Bach finden.«

»Was für einen Bach?«, wunderte sich Walburga.

»Den Bach der Schmerzen.«, erklärte Martin. »Obwohl es so scheint, als würde es ihn nicht geben. Ich glaube, wir finden ihn nie.«

Es wurde wieder still. Der Nachmittag verging und deckte den Wald mit Schatten zu, während die Sonne hinter den Bergen schon gähnte.

»Ich hab was für euch alle«, sagte Walburga schließlich. Sie erinnerte sich an einen ihrer Schätze und nahm aus ihrem Hut die zauberhaft glänzende und schimmernde grüne Hoffnung. Auf einmal leuchteten die Augen der Kinder so grün wie dieser Schatz, so grün wie der mit der Brise in der Luft singende Fluss und so grün wie das

Laub des Waldes, das noch von den letzten Sonnenstrah-
len beschienen wurde.

Der Bach der Schmerzen

Ich sagte schon, dass man in der Ferne das Rauschen eines Baches hörte.

Vielleicht ist es der, den wir suchen, dachte Andrés und betrachtete die glänzende Hoffnung in seiner Hand.

»Kommt, wir gehen dorthin. Los!«, sagte die Chefin. Da gingen sie voller grüner und strahlender Hoffnung dem Geräusch nach, das sie zu rufen schien.

Je mehr sie sich ihm näherten, umso kristalliner und klarer wurde die Stimme des Baches. Bald sah man seinen sich schlängelnden und leuchtenden Lauf. Die Gruppe brach in Jubel aus. Der Bach sang folgendes Lied:

Ich bin der Bach der Schmerzen.
Hör' schon auf zu weinen.
Deine Traurigkeit nehm' ich mit.
Und siehst du schon, ich singe!
Auch wenn der Kummer
noch so schwer ist,
muss der Schmerz vergehen
und zur Vergangenheit gehören.
Lass deinen Kummer los!
Und du wirst sehen,
durch meinen Lauf
lernst du wieder zu lachen.
Auch wenn der Kummer
noch so schwer ist,
muss der Schmerz vergehen
und zur Vergangenheit gehören.

Die Chefin nahm das kleinste Kind in ihre Arme und bückte sich mit ihm, um seine Händchen ins Wasser zu tauchen.

Der Kleine fing an, mit dem Wasser zu spielen, so als würde er es streicheln. Er hörte auf, sich in die Wange zu kneifen, die schon so rot wie ein halbreifer Apfel war. Dann drang das Lied des Baches in seine Ohren, nahm den Weg über seine Augen und streichelte seine Haut. Langsam vergaß Daniel, den fixen Punkt anzustarren. In seinem Blick erstrahlte ein neues Licht, und auf seinem Mund zeichnete sich das erste Lächeln ab, seit er ins Kinderheim gekommen war.

Wie froh sie alle waren! Sie sprangen, tanzten, lachten und weinten sogar ein wenig vor Glückseligkeit. Während die Kinder die Dämmerung mit ihrem Glück begrüßten, näherte sich die Hexe dem Bach, um ihm für dieses Wunder zu danken.

Der Bach sprach zu ihr mit feuchter, wohlklingender Stimme:

»Nimm einen Tropfen von mir, Walburga. Ich schenke ihn dir. Du kannst ihn verwenden, wann immer du ihn brauchst.« Indem der Bach über einen Stein hüpfte, ließ er auf Walburgas Handfläche einen kristallenen Tropfen fallen. Der wurde dann zu einem ihrer kostbaren Schätze.

»Danke, Bach der Schmerzen«, dankte sie ihm bewegt. »Ich werde dein Lied nie vergessen, erst recht jetzt nicht, wo ich eine Erinnerung an dich habe.

Inzwischen war es Nacht geworden. Die Kinder legten sich auf den Boden und beobachteten die Lichter am Firmament, die immer zahlreicher wurden. Besonders die Chefin beobachtete ununterbrochen den Mond. Die Grillen begannen zu zirpen und veranstalteten ihr Konzert. Und ähnlich taten es die Frösche und Kröten.

Alle waren müde und wollten schlafen. Sie hatten an diesem Tag sehr viel erlebt. Sie ließen sich vom Lied des Baches in den Schlaf singen und schliefen bald ein. Das heißt, nicht alle. Giovanna entfernte sich von der Gruppe und setzte sich unter einen Baum. Ihre Gedanken schweiften durch die Unendlichkeit des Sternenhimmels und ließen sie nicht mehr los.

Auch Walburga konnte in dieser Nacht nicht schlafen. Das ständige *Krick, krick* ihres Herzens fühlte sich an wie das Ticken einer aus dem Takt geratenen Uhr. Sie schaute sich um und nahm aus ihrem Hut den Tropfen Wasser, den ihr der Bach geschenkt hatte.

Sie schaute ihn an und sah dabei, dass sich ihr Gesicht ganz klein in ihm spiegelte. Sie lächelte und erschrak auf einmal sehr. Ohne dass sie es gemerkt hatte, waren ihr noch einige neue Zähne gewachsen, so dass ihr Gebiss nun wieder vollständig war. Sie sah jetzt eher wie eine gute Großmutter aus und nicht mehr so wie eine böse Hexe.

Erschrocken verbarg sie den Schatz wieder in ihrem Hut. Dann bemerkte sie auf einmal, dass Giovanna nicht mehr da war. Ohne zu zögern begann sie, sie zu suchen. Sie fand sie ganz in der Nähe, in ihre Erinnerungen versunken.

»Woran denkst du?«, fragte Walburga sie und setzte sich neben sie.

»Lass mich in Ruhe!«, sagte das Mädchen, ohne sie anzusehen.

»Wenn ich noch eine richtige Hexe wäre und hexen könnte, würde dich diese Antwort teuer zu stehen kommen. Dann hätte ich dich jetzt in einen Skorpion ohne Beine und mit drei Schwänzen verwandelt. Aber, ich weiß nicht, ob zum Glück oder zum Unglück, ich habe mich verändert. Deswegen möchte ich dir sagen, dass ich dich gefragt habe, weil ich mich für dich interessiere und wissen möchte, warum dein Mund und dein Herz voller Bitterkeit sind.«

Schweigen! Langes, schmerzliches Schweigen. So als ob nichts wäre, nahm jetzt Walburga die zarte rosa Liebkosung aus ihrem Hut und begann mit ihr zu spielen, nahm sie von einer Hand in die andere. Nun konnte Giovanna auf einmal nicht mehr den Himmel anstarren, denn von diesem Schatz ging eine eigenartige Kraft aus, die sie beunruhigte.

»Willst du sie mal halten?«, bot Walburga an.

Zum ersten Mal klang die Stimme des Mädchens sanfter. »Ich habe gesehen, wie du sie Daniel gegeben hast, als wir den Bach gesucht haben.«

»Es ist einer meiner Schätze«, antwortete Walburga. »Es ist eine süße rosa Liebkosung, die mir ein trauriges Mädchen geschenkt hat.«

»Gibt es noch mehr traurige Mädchen?«, fragte Giovanna ungläubig mit ganz dünner Stimme. Da erzählte ihr Walburga die Geschichte.

Als die Hexe die Geschichte zu Ende erzählt hatte, senkte Giovanna den Kopf. All ihr Hass und ihre Bitterkeit waren zu einem tiefen, dunklen Schmerz geworden.

Aus ihren Augen fielen keine Tränen. Vermutlich waren all ihre Tränen in einem Abgrund von Traurigkeit tief unten in ihrer Seele vergraben. Endlich sprach sie.

»Meine unglückseligen Eltern haben mich verlassen, Walburga! Sie haben mich ganz allein gelassen, als ich ungefähr drei Jahre alt war. Ich erinnere mich daran, dass sie viel gestritten haben. Und eines Tages ist Mama weggegangen. Sie hat mir noch einen Kuss gegeben, als sie glaubte, dass ich schlief, und war dann weg für immer. Ich werde ihr das nie verzeihen! Warum hat sie mich nicht mitgenommen!? Was habe ich getan, dass sie mich verlassen musste? Habe ich mich etwa schlecht benommen?«

»Und dein Papa?«, fragte Walburga.

»Er wusste sicher nicht, was er mit mir machen sollte. Ich erinnere mich daran, dass er viel geweint hat. Er hörte auf zu arbeiten und fing an zu trinken. Und eines Tages hat er mich gekämmt, mir das Gesicht gewaschen, mir einen Lutscher mit Erdbeergeschmack gekauft und mich zum Eingangstor eines Hauses gebracht. Es war ein großes Holztor mit einem alten Türklopfer. Da hatte ich Angst, Walburga!«

Ohne etwas zu sagen, bedeckte Walburga sie ganz mit der sanften rosa Liebkosung. Diese war, vielleicht durch die Kraft des Mondes oder seine versteckte Zauberkraft gewachsen und war jetzt so groß wie eine Decke, die sie umhüllte. Giovanna lehnte den Kopf an Walburgas Schulter. Das Wasser im tiefen Brunnen ihrer Traurigkeit stieg an und schwemmte über wie ein Fluss in einer Gewitternacht. Schluchzend erzählte sie ihre Geschichte weiter.

»Mein Papa sagte, ich solle auf ihn warten, er käme gleich wieder. Aber dann klopfte er mit dem großen Türklopfer an das Tor und ging ganz schnell davon, ohne sich nochmal umzudrehen, so als wolle er nicht gesehen werden. Das große Tor öffnete sich, und die Hexenhexe stand vor mir.«

»Frau Debora Dora Feodora Giovanna vom Kreuz sagte, es sei der Gipfel, dass Eltern so einfach ihre Kinder loswerden wollten und dass das Kinderheim wegen solcher Eltern bald aus allen Nähten platze. Ich sagte zu ihr, dass Papa gesagt hatte, er käme wieder. Aber da antwortete sie, so würden es alle machen. Ich solle nicht so dumm sein, sondern meine Eltern besser ein für alle Mal vergessen. Am meisten weh tut mir dabei, dass sie recht behielt.«

»Ich würde so gerne meine Zauberkräfte wieder haben und zaubern, dass dein Papa wiederkommt, um dich abzuholen«, sagte Walburga und nahm dabei das Mädchen in den Arm. » Wie schade, dass all meine Zauberkräfte nur dazu gedient haben, Böses zu bewirken!«

»Es ist zu spät«, sagte jetzt Giovanna und ließ den Umhang von Zärtlichkeit auf ihren Rücken gleiten, »viel zu spät. Ich habe viele Jahre auf ihn gewartet. Ich wollte nicht glauben, dass er mich tatsächlich verlassen hat. Schließlich habe ich es dann angenommen. Vielleicht liebt mich deswegen niemand. Alle hassen mich, aber ich hasse auch alle. Natürlich hasse ich am allermeisten meine Eltern, die mich verlassen haben.«

»Um der tausend himmlischen Schlangen willen! Warum glaubst du, dass alle dich hassen?«, fragte die Hexe. »Du bist doch mit den anderen Kindern geflohen! Glaubst du denn, sie hätten dich mitgenommen, wenn sie dich nicht mögen würden?«

»Wir waren die Schlimmsten im Kinderheim. Deswegen sind wir zusammen geflüchtet. Die Hexenhexe sagte, wir wären zu nichts zu gebrauchen, dass man uns besser in ein anderes Kinderheim hätte geben sollen und dass wir vier ihr Leben zur Hölle machen würden. Und mit dem kleinen Daniel war es noch schlimmer. Er war ja so krank. Sie sagte, er würde ja wegen seiner unstillbaren Sehnsucht nach seiner Mutter sowieso bald sterben, dann wäre es vorbei. Sie wartete nur darauf, dass wir fünfzehn Jahre alt werden würden, so dass sie uns in eine Erziehungsanstalt schicken könnte, wo man uns schon den Kopf zurechtrücken würde. Sie sagte, von dort könnten wir nie fliehen.«

»Die ist ja schlimmer als ich war«, sagte darauf die Hexe. Und Giovanna fuhr fort:

»Sie hasste die Chefin. Und sperrte sie in den Kerker ein. Das war ein ganz kleiner dunkler Raum voller Spinnweben, vollgestopft mit Koffern und alten Kleidern voller Motten, mit alten Matratzen, ausrangierten Möbeln, vertrockneten Insekten und hungrigen Mäusen. Cecilia, die Chefin, brachte es immer fertig, auszubrechen. Und sie erzählte uns danach die lustigsten Geschichten. Sie ist die Rebellischste im ganzen Kinderheim. Und sie verteidigt immer die Schwachen. Wenn die Hexenhexe sie in den Kerker steckte, erzählte sie nachher, dass sie sich mit den *Cucus* angefreundet hätte und dass diese versprochen hätten, in den Träumen der Hexenhexe aufzutauchen und sie zu erschrecken. Ein anderes Mal erzählte sie uns, dass der Mann mit dem Sack, der sie angeblich mitnehmen sollte, ihr versprochen hatte, die Hexenhexe mitzunehmen, wenn diese weiter so böse wäre. Eine ihrer Geschichten war die von der Mördertarantel, die einen Skorpion gefressen und so vergiftet worden war. Dann wiederum erzählte sie, dass sie die Spritze der Krankenschwestern für die bösen Kinder habe, die sie der Hexenhexe verpassen und sie so töten wolle. Schließlich hatte niemand mehr Angst davor, in den Kerker gesperrt

zu werden. Der Hexenhexe fiel bald nichts mehr ein, womit sie uns noch erschrecken könnte. Wie sollte man diese Frau nicht hassen!?

»Um der tausend himmlischen Schlangen willen«, sagte Walburga. »Es war wirklich dringend notwendig, dass ihr euch von dieser Hexe befreit habt! Wie habt ihr das geschafft?«

»Alles fing damit an, dass die Chefin auf den Gedanken kam, nachzuforschen, warum sie schon, seit sie ein kleines Kind war, immer gerne den Himmel und die Stellung des Mondes und der Sterne angeschaut hatte. Was für ein Thema! Ich sagte immer zu ihr, dass das doch Dummheit sei. Aber sie wollte nicht auf mich hören. Cecilia ging zur Hexenhexe und verlangte von ihr, dass sie ihr erzählte, wie sie ins Kinderheim gekommen war. Und zum tausendsten Mal schickte die Hexenhexe Cecilia zur Strafe in den Kerker. Dabei sagte sie zu ihr, dass sie niemandem Rechenschaft schulde.«

In dieser Nacht ging die Köchin Delfina, die ein sehr guter Mensch war, heimlich in den Kerker zu Cecilia und erzählte ihr ein großes Geheimnis.

Delfina erzählte ihr, dass eines Morgens vor dreizehn Jahren, als sie gerade den Flur putzte, sie das Weinen eines Babys hörte. Und bevor die Hexenhexe aus dem Bett aufgestanden war, hatte sie an der Tür des Kinderheimes nachgeschaut und ein hübsches kleines Mädchen aus einem Weidenkorb gehoben. Sie sagte, dass an einem Häkchen ein verschlossener Umschlag befestigt war. In ihm hätte gestanden, dass Cecilia dieses Kind gewesen sei.

Delfina habe diesen Umschlag im Kerker aus ihrer Schürzentasche gezogen und ihn Cecilia gegeben. Sie habe ihn all die Jahre aufbewahrt, damit er nicht in die Hände der Hexenhexe gelange, sagte sie. Sie glaubte nämlich, dass Cecilia in diesem Umschlag vielleicht einen Hinweis auf ihre Herkunft finden könne.

»Und? Und?«, fragte die Märchenhexe gespannt.

»Die Chefin öffnete den Umschlag, und darin war ein Zettel mit folgenden Worten:

»Wenn der helle Stern den Scheitelpunkt
des zunehmenden Mondes berührt,
werden wir drei uns wiedersehen.«

»Und was noch? Was noch?«, fragte neugierig Walburga.

»Das war alles, was auf dem Zettel stand. Keine Unterschrift oder sonst etwas. Aber es war noch etwas im Umschlag: ein Ohrring, nur einer. Er hatte die Form eines blauen zunehmenden Mondes mit einem Stern an der Spitze.«

»Ah! Tausend himmlische Schlangen! Jetzt verstehe ich, warum Cecilia nur einen Ohrring trägt. Genau diesen mit dem Mond und dem Stern. Das ist mir aufgefallen.«

»Natürlich! Gott sei Dank denkst du auch manchmal«, entgegnete Giovanna. So hat sich die Chefin entschlossen, aus dem Kinderheim zu fliehen. Sie rief uns alle und sagte uns, dass sie auf diese Begegnung zugehen müsse, da der leuchtende Stern und der zunehmende Mond immer näher aufeinander zugingen, und dass auch wir nur gerettet werden könnten, wenn wir diesen Ort verließen.

Sie sagte, sie ahne voraus, dass den kleinen Daniel ein ganz besonderes Schicksal erwarten würde, dass er nicht sterben würde. Sie sagte, wir wären alle fünf in Gefahr und dass sie in zwei Jahren voraussichtlich als erste in die Erziehungsanstalt müsse.

Sie sagte, die einzige Möglichkeit, uns von der Hexenhexe zu befreien, wäre, zu fliehen. Und so haben wir einen Plan geschmiedet.

»Ich hätte nur *Calavera – vera, ven enredadera* gesagt, und dann hättet ihr schon eine Öffnung in der Mauer um das Haus gehabt, durch die ihr hättet fliehen können.«

Giovanna setzte ihre Erzählung fort:

»Das war nicht nötig. Martin ist imstande am Rande des Daches entlangzugehen. Das Kinderheim ist drei Stockwerke hoch. Wenn er da runtergefallen wäre, wäre er Brei gewesen.

Früher waren die Mauern, die das Kinderheim umgeben, nicht so hoch. Aber weil Martin schon einmal darauf geklettert war ließ die Hexenhexe sie immer höher bauen. Weißt du, Walburga, es sah schon mehr nach einer Festung als nach einem Kinderheim aus. Aber Martin schaffte es immer wieder, barfuß darauf zu klettern und über die Mauer zu gehen, keine Ahnung wie. Die Hexenhexe ließ Glasscherben darauf verteilen. Aber Martin kletterte wieder hinauf. Als sie ihn herunterholten, waren seine Füße unversehrt. Zuletzt ließ die Hexenhexe Stacheldraht oben auf der Mauer anbringen. Aber Martin konnte auch jetzt noch auf der Mauer gehen, ohne sich weh zu tun.

Schließlich sagte die Hexe, sie würde die Absperrung mit Strom versehen, dann könne Martin verkohlen. Das wäre ihr egal. Da überredeten wir ihn, nicht mehr auf die Mauer zu klettern.

Martin ließ die Mauer sein und kletterte wieder auf das Dach. Die Hexenhexe kaufte sich Pfeil und Bogen, und schoss ihn mit Pfeilen hinunter. Dann fing er an, auf dem dicken Seil zu gehen, an dem die Wäsche aufgehängt wurde. Natürlich fiel dann die Wäsche mitsamt Martin herunter. Die Hexenhexe ließ uns den ganzen Tag die Wäsche, die schmutzig geworden war, ausspülen. Am Schluss gab Martin auf. Nur nachts, wenn alle schliefen, kletterte er durch das Fenster hinaus und auf das Dach. Er sagt, sein Traum sei es, Seiltänzer zu werden.«

»Armer Martin«, seufzte Walburga und schaute dabei den ruhig schlafenden Jungen an.

»Und jetzt zurück zum Fluchtplan. Die Chefin ent-deckte, dass das mit dem Strom gelogen war und bat Martin, auf die Mauer zu klettern und den Stacheldraht mit einer Kneifzange aufzuschneiden, die sie tief unten in einem Koffer gefunden hatte. Darüber hinaus sagte sie zu ihm, er solle auch die Glasscherben an der Stelle weg-räumen, damit wir uns nicht verletzen könnten. Das war für Martin ein Leichtes.

Dann kam Andrés an die Reihe. Er zieht sich nicht nur die Schuhe verkehrt herum an. Er macht alles, was er machen soll, verkehrt herum. Das hast du sicher schon bemerkt. Deswegen hasst ihn die Hexenhexe. Wenn sie sagte: Jetzt seid alle ruhig! fing er an zu sprechen. Wenn sie uns in die Kirche schickten, blieb er stehen, während alle anderen sich hinsetzten. Er setzte sich während der Wandlung, und wenn wir rausgehen sollten, kniete er sich hin, und die Hexenhexe musste ihn hinausschleppen.

Während des Mittagessens schlief Andrés am Tisch ein, und wenn wir alle schlafen gingen, begann er zu es-sen. Dann nahm die Hexenhexe ihm das Essen weg und schickte ihn ohne Essen ins Bett. Aber Delfina, die ihn sehr mochte, brachte ihm heimlich Brot mit Käse, damit er nicht hungern musste.

Weißt du, Andrés hat eine besondere Eigenschaft: Er kann überall gehen, ohne dass man ihn hört, und kann Türen auf- und zumachen, ohne dass jemand es bemerkt.

Wir sagten also zu ihm, dass er viel Lärm machen solle, nicht ins Zimmer der Hexenhexe gehen solle und auch nicht den Schlüssel aus ihrem Zimmer mitnehmen solle, und dass er auf keinen Fall das Zimmer zuschließen solle. Und weißt du, was er tat?«

Die Hexe dachte ein wenig nach und sagte: »Keine Ahnung.«

»Aber, habe ich dir nicht gerade gesagt, dass er alles verkehrt herum macht!? Er hat also folgendes gemacht: Er ging ganz leise über den Flur, wie ein Schatten, machte die Tür zum Zimmer der Hexenhexe auf, nahm den Schlüssel heraus, ging hinaus und steckte den Schlüssel von außen hinein und schloss zu. Die Hexenhexe wachte nicht auf.

Dann war ich an der Reihe. Ich ging die Stufen hinunter, ohne Lärm zu verursachen, aber als ich in den Hof hinaustrat, knarrte die Tür der Küche, und es passierte das, was ich am meisten befürchtete: Delfina, die im Zimmer neben der Küche schlief, machte Licht an. Und ich – ich lief nicht weg – sondern stürzte mich auf sie und hielt ihr den Mund zu.«

»Um der tausend himmlischen Schlangen willen!« Walburgas Herz klang wie eine kaputte Lokomotive *krick, krick, krick.*

»Sie fiel fast in Ohnmacht vor Schreck! Als sie mich erkannte, beruhigte sie sich ein wenig. Ich bat sie, dass sie um Himmelswillen nichts verraten solle. Zum ersten

Mal in meinem Leben bat ich sie um etwas. Denn alles hing in diesem Moment von ihr ab, und da sie mich nicht besonders mochte, war sie nahe daran, zu schreien.

Zum Glück erschien in diesem Moment so unverhofft wie ein Gespenst Andrés. Er umarmte sie, sagte ihr ein paar Dinge ins Ohr und sie ihm auch. Eine ganze Weile lang ging dieses »pst« »pst« hin und her, bis sie schließlich, ohne mich anzusehen, Andrés an der Hand nahm, mit ihm auf Zehenspitzen in die Küche ging und ihm eine großes Messer in die Hand drückte.

Andrés gab mir das Messer, und zu dritt gingen wir hinaus und schnitten das Wäscheseil ab. Dann kam auch die Chefin mit dem kleinen Daniel herunter.

Martin kletterte in Nullkommanichts auf die Mauer und band das Seil an einem der Pfosten fest, die den Stacheldrahtzaun hielten, den er kurz vorher aufgeschnitten hatte. Ich war die Erste, die nach ihm hinaufstieg. Es war mir ziemlich schwindlig. »Weißt du Walburga, ich habe Angst vor der Höhe, aber was sollte ich machen?« Dann band ich das Seil los, und die anderen hielten es von innen fest, so dass ich mich langsam an der Wand hinunter gleiten lassen konnte.

Dann war Martin an der Reihe. Er kam mir zur Hilfe. So war es zu zweit leichter, das Seil auf der Straßenseite festzuhalten. Und auf der Innenseite half ja Delfina.

Zum Glück war in der Nähe der Mauer ein Baum, an dem wir das Seil zur Sicherheit festbinden konnten. Wir hörten Seufzer auf der anderen Seite der Mauer. Es waren Delfina und ihr geliebter Andrés, die sich voneinander verabschiedeten. Dann kam Andrés und zum Schluss die Chefin mit dem kleinen Daniel. Wir warfen das Seil

auf die andere Seite zurück und fingen an zu laufen, bis wir nicht mehr konnten.

Wir kletterten auf einen Lastwagen, der in Richtung Tal fuhr. In diesem Wald sind wir dann abgestiegen. Wir mussten den Fahrer mit unseren letzten Münzen bezahlen, die Delfina Andrés geschenkt hatte. Und den Rest der Geschichte kennst du ja!«

»Da siehst du doch, dass deine Freunde dich mögen«, Giovanna!

»Ich glaube es nicht. Denn ich bin böse zu ihnen. Ich habe dir schon gesagt, es geschah nicht aus Liebe, sondern weil wir zusammenhalten mussten, um zu fliehen. Für die Hexenhexe war ich die Schlimmste und Unerträglichste.

Ich weiß, dass ich böse bin. Und es gefällt mir. Wenn ich mich nicht verteidige, tut es niemand für mich. Einmal hat mir ein Mädchen mein Heft weggenommen. Da habe ich ihr den Ranzen auf den Kopf geschlagen. Ein anderes Mal hat mir ein Junge ein Bein gestellt, und ich habe ihm das Gesicht zerkratzt. Und …«

Walburga hörte ihr schon nicht mehr zu. Die zarte rosa Liebkosung war wieder klein geworden, und sie schob sie zurück unter ihren Hut. Dafür nahm sie das goldene Andenken heraus, das zu einer Münze mit Inschriften auf beiden Seiten geworden war.

»Das ist ein Geschenk für dich«, Giovanna, sagte sie.

»Man kann die anderen nicht zerstören, ohne sich selbst zu zerstören«, las das Mädchen.

»Dreh' die Münze mal um«, sagte die Hexe Walburga. Dort stand:

»Gib das Beste von dir selbst, und du wirst das Beste von den anderen erhalten.«

Ohne etwas zu sagen, steckte das Mädchen die Münze in der Tasche ihrer Bluse, setzte sich auf den Boden und legte den Kopf in Walburgas Schoß. Beide fielen augenblicklich in einen tiefen Schlaf.

Der Mond glänzte noch am Firmament, und noch einige neugierige Sterne, die den Tag sehen wollten, leuchteten. Die Chefin weckte die anderen Kinder und Walburga. Sie hatten einen Bärenhunger.

»Hier können wir nicht bleiben«, sagte sie. »Lasst uns losgehen und uns etwas zu essen suchen.

Auf einmal streckte der kleine Daniel seine Ärmchen Walburga entgegen:

»Mammma, Mammma!«

»Er spricht ja!«, wunderte sich Giovanna.

Die Kinder lobten ihn alle, und Walburga, die rot wie eine Tomate geworden war und schon wieder das laute *Krick, krick, krick* ihres Herzens hörte, nahm ihn zärtlich in die Arme. In diesem Moment fühlte sie, dass niemand sie beide mehr trennen würde.

»Los, kommt!«, befahl die Chefin. Und fröhlich lachend setzten sie ihren Weg auf dem Pfad fort. Die Kinder machten sich einen Spaß daraus, Daniel die kompliziertesten Wörter nachsprechen zu lassen:

»Sag *Hubschrauber*.«

»Hubauber.«

»Sag *Paralelepípedo*.« (Das spanische Wort für *Quader*. Die Kinder kannten es aus dem Mathematikunterricht.)

»Papido.«

»Und jetzt sag mal *ribombante*.«

»Bum.«

Und Walburga: »Sag mal: *Um der tausend himmlischen Schlangen willen.*«

»Mmmammma!«

Bald kamen sie zu einem Landhaus, dass von rosa und orange Geranien umgeben war. Ein kleiner mit Steinen gepflasterter Weg führte zum Portal. Die Kinder klopften voller Freude an die Tür. Aber niemand öffnete. Sie schauten durch die kleinen Fenster, aber es schien niemand darin zu sein.

Ein blauer Schmetterling zog seine Kreise am Himmel, und Martin begann, hinter ihm herzulaufen. Auf einmal war er oben auf dem Dachgesims. Walburga blieb fast das Herz stehen, obwohl sie ja schon von seinen Künsten gehört hatte.

»Pass auf und beweg dich nicht!«, bat sie Andrés, während sie um das ganze Haus herumging und sich das Dach anschaute. Andrés blieb brav am selben Ort.

Mit derselben Leichtigkeit, mit der er hinaufgeklettert war, kam Martin wieder fröhlich von dem Gesims herunter. »Wie lustig«, sagte er. »Dort ist ein Vogelnest.«

»Um der tausend himmlischen Schlangen willen! Du bist ja eine Katze, Martin. Wie kann man nur so auf dem Dach herumklettern!« protestierte die Hexe.

»Kommt schnell!«, rief auf einmal die Chefin. »Hier gibt es Apfelbäume.«

Die Kinder und die Hexe liefen los, nur Andrés nicht.

»Komm nicht mit uns, Andrés und iss nur ja nicht so viele Äpfel, wie du willst«, rief Martin.

Der Junge schloss sich jetzt begeistert der Gruppe an. Zuerst sammelten sie alle die reifen duftenden Äpfel, die auf dem Boden lagen, und dann genügte ein einziges Schütteln eines der Bäume, und es fiel noch ein Regen köstlicher Äpfel herab. Es war ein Fest für die Kinder und die Hexe. Auf einmal merkte Walburga, dass Giovanna fehlte.

»Aber wo ist Giovanna?«, fragte sie.

»Giovannnaaa! Giovannnaaa!«, riefen alle.

Giovanna war wie durch einen Zauber verschwunden. Die Kinder verteilten sich, um sie zu suchen, versprachen aber, nicht zu weit von dem Ort, an dem sie jetzt waren, wegzugehen, um sich nicht zu verlieren. Sie baten Andrés, er solle *nicht bei Daniel bleiben und sich von der Stelle bewegen*, so dass sie auf die Suche gehen könnten. Sie wussten, dass er diesen Wunsch wörtlich, nur umgekehrt, erfüllen würde.

Daniel streckte jetzt die Hand zum Lehmbackofen hin aus, der hinter dem Haus war, zeigte auf ihn und sagte: »Da Vanna!«

Alle Häuser auf dem Land haben so einen Lehmbackofen in Bolivien:

Jeder von ihnen entschied, wohin er gehen wollte. Walburga entschied, dem Fingerzeig des Kleinen zu folgen. Sie liebte ihn tief und innig und mit leidenschaftlicher Hexenliebe, weil er so niedlich war, zum ersten Mal gelächelt und zu ihr *Mama* gesagt hatte.

Sie ging zum Ofen und um ihn herum. Aber Giovanna war nicht da. Sie rief nach ihr, aber sie antwortete nicht.

Schließlich entschloss sie sich, die Tür des Ofens aufzumachen. Darin duftete es köstlich nach Brot und Asche. Aber von dem Mädchen war nichts zu sehen. Sie verschloss die Tür wieder und suchte weiter.

Giovanna und das Spiegelmädchen

Giovanna machte nie gerne dasselbe wie die anderen. So kam sie auch nicht zum Apfel essen, sondern ging zum Ofen. Der Geruch von frisch gebackenem Brot zog sie magisch an.

»Wie seltsam!«, sagte sie sich, während sie sich dem Ofen näherte. Jetzt war die Ofentür geöffnet und gerade noch, als sie ihn von weitem entdeckt hatte, war sie noch verschlossen gewesen. Und sie hatte niemanden außer einigen Bauern vorbeigehen sehen. Die hatten freundlich gegrüßt, waren dabei aber nicht einmal stehen geblieben.

Giovanna steckte den Kopf in den Ofen und sah hinten einige Vollkornbrote, die sich bis auf das ganze Feld auszudehnen schienen.

Was für einen Hunger ich habe! Sie streckte die Hand aus, konnte aber das Brot nicht erreichen. Der Ofen war klein, man konnte aber hineinkriechen, um die Brote zu holen.

Sie schaute sich um und passte auf, dass sie nicht gesehen wurde. In einiger Entfernung waren nur ihre Freunde und die Hexe zu sehen, die dabei waren, den Apfelbaum zu schütteln. Die hatten noch nicht bemerkt, dass sie nicht bei ihnen war. Sie gab sich einen Ruck und kroch in den Ofen hinein. Sobald ihre Füße darin waren, konnte sie die Brote erreichen.

Bums! Die Tür des Ofens schlug zu und schloss das Mädchen ein, das gerade den ersten Bissen vom Brot genommen hatte. Sie war erschrocken und versuchte, die

Tür wieder zu öffnen. Aber es ging nicht. Sie, die nie weinte, war nahe daran zu weinen.

»HIIILFEE!«

Dann hörte sie ein ganz zartes Stimmchen.

»Pssst, nicht schreien! Nicht schreien!«

»Ist das vielleicht eine Ameise?«, fragte sich Giovanna. Sie hatte einmal das Märchen »Josefa und die kleine Ameise« gelesen und dachte, dass es vielleicht diese Ameise sei.

»A .. mei ...se? Freun...din...Amei...se?«, fragte sie zitternd.

Ich weiß nicht, ob es daran lag, dass Giovanna sich an die Dunkelheit gewöhnt hatte, oder ob wirklich etwas Unerklärliches in dem Ofen passierte. Jedenfalls sahen die Brote jetzt goldgelb aus, und die lauwarme silbrige Asche schimmerte seltsam. Das Innere des Ofens war erleuchtet.

Sie war ganz verdutzt, als sie auf einmal einen kleinen Zwerg vor sich auftauchen sah, der wie ein Bauer mit Hose und Hemd aus grobem Leinen, Sandalen und einer Strickmütze in knallig bunten Farben gekleidet war. Er war so klein, dass er in ihrer Hand Platz gefunden hätte.

»Ganz ruhig!«, sagte er. »Ich bin der Ofenkobold.«

»Aa...ber ich wusste ja gar nicht, dass es dich wirklich gibt! Delfina hat mir Geschichten von dir erzählt und gesagt, dass es in allen Öfen auf dem Land einen versteckten Kobold gäbe. Ich habe ihr nicht geglaubt.« Und dann schrie sie laut:

»Ich will raus hier!« Sie versuchte noch einmal mit aller Kraft, die kleine Ofentür zu öffnen, durch die sie hereingekommen war.

Ohne auf sie zu hören, blies der Kobold die lauwarme Asche gegen die Wand, wodurch sich eine leuchtende Wolke erhob. Sobald diese sich gesenkt hatte, erschien ein Tunnel, und es sah aus, als sei er immer schon da gewesen.

»Geh! Das ist der einzige Ausgang für dich«, sagte der Kobold. »Ich bleibe hier.«

Giovanna hatte Todesangst, entschloss sich aber, zu gehen. Zuerst ging sie Schritt für Schritt durch den engen Tunnel, dann begann sie zu laufen, denn der Tunnel schien kein Ende zu haben. Sie war allein und hatte Angst. Der Kobold war zurückgeblieben.

Plötzlich hörte sie in der Ferne das Weinen eines Kindes.

Sicher ist es ein Kind, das sich in diesem Tunnel verlaufen hat, dachte sie. Ich werde ihm sagen, dass es mit mir gehen und gemeinsam mit mir meine Freunde suchen soll. Wenn doch wenigstens Walburga hier wäre!

Im Tunnel wurde es immer heller, und er öffnete sich allmählich. Es roch nach Feuchtigkeit und grünem Gras. Ein Graben mit klarem Wasser tauchte auf. Giovanna ging auf ihn zu, weil sie schrecklichen Durst hatte. Sie war sicher schon viele Stunden gegangen. Jetzt konnte sie das Weinen des Kindes nicht mehr hören. Begierig schöpfte sie mit ihren Händen Wasser und führte es an die Lippen, um es zu trinken. Schließlich benetzte sie sich damit, um sich abzukühlen. Als sie sich dem Wasser erneut näherte, um sich das Gesicht noch einmal zu waschen, sah sie im Wasser das Spiegelbild eines Mädchens. Erschrocken drehte sie sich um. Es war aber sonst niemand da. Sie wollte das Bild mit der Hand berühren und stieß dabei an einen Stein, der sich löste. Unter den

entstehenden Wellen verschwand das Bild, aber als das Wasser sich wieder beruhigte, blickte sie das Mädchen aus dem Spiegel wieder an.

Giovanna glaubte, verrückt zu werden. Oder war sie etwa selbst dieses Mädchen im Spiegelbild? Wenn sie sie richtig anschaute, glich sie ihr. Sie näherte ihr Gesicht etwas. Da ging das Mädchen zur Seite, und sie konnte ihr eigenes Spiegelbild sehen. Nein, sie war es also nicht, es war ein anderes Mädchen, das wohl verzaubert worden war.

»Bist du vom Kobold verzaubert worden?«, fragte sie.

»Nein«, sagte das Mädchen lächelnd.

»Ich habe ein Kind weinen gehört.«

»Das war mein Brüderchen, aber er ist jetzt einge-schlafen.«

»Was machst du hier? Kannst du nicht weggehen?«

»Ich habe auf dich gewartet«, sagte das Mädchen

Giovanna zitterte am ganzen Körper. Sie wäre gerne weggelaufen; konnte es aber nicht. In diesem Spiegel-mädchen war etwas, das sie zutiefst beunruhigte.

»Auf mich?«, fragte Giovanna erstaunt. »Auf mich hast du gewartet?«

»Ja«, sagte das Mädchen.

»Aber, warum?«

»Damit du mir verzeihst.«

»Du hast mir doch nichts getan.«

»Komm«, sagte das Mädchen. Und kaum hatte Giovanna die Hand ins Wasser gestreckt – diesmal stieß sie nicht an einen Stein – wurde sie vom Spiegelmädchen ergriffen und zu sich ins Wasser gezogen.

Giovanna machte die Augen zu und hielt die Luft an, um nicht zu ertrinken.

»Du kannst die Augen aufmachen und ruhig weiteratmen«, sagte das Spiegelmädchen zu ihr.

Als Giovanna die Augen öffnete, stand sie neben dem Mädchen. Sie schaute um sich: Sie war auf dem Gipfel eines pinienbewachsenen Berges in einer Stadt mit vielen ärmlichen Häusern. Einige der Bewohnerinnen unterhielten sich. Kinder spielten mit Glasmurmeln und bauten mit ihren Händen Wege in der Erde. Andere Kinder sprangen Seil. Sie schaute nach oben und sah anstelle des Himmels einen blauen Wasserlauf. Es war der Bach, der von dort oben herunterkam.

»Komm«, sagte das Mädchen zu ihr. Sie begannen, hinabzusteigen. Bald sahen sie aus der Ferne das Stadtzentrum mit den hohen Gebäuden und den Straßen voller hupender Autos und den Menschen, die sich wie bunte Ameisen bewegten.

Sie gelangten zu einer Hütte. Das Spiegelmädchen stieß ein Blech auf, das als Tür diente. Sie traten in einen feuchten Raum ein, in dem es modrig roch. In den Ritzen, die das Dach im Laufe der Zeit bekommen hatte, steckte nämlich Zeitungspapier. Hinten im Raum befand sich ein Bett. Und an der Wand stand ein wackliger Tisch mit drei Hockern. An großen Nägeln hingen Kleidungsstücke. Unter dem Bett befand sich eine Waschschüssel. Auf der anderen Seite war ein Fenster, dessen Scheiben zum Teil zerbrochen waren sowie ein kleines Regal mit ein wenig Küchengeschirr: Töpfe, Tassen mit und ohne Henkel, ein paar alte abgenutzte Teller und ein Wasserkessel. Auf dem Bett schlief ein Baby.

»Wer ist denn dieses kleine Baby?«, fragte Giovanna. (In Wirklichkeit sagte sie »Wawita« in Quechua, der Sprache der einheimischen Bevölkerung)

»Es ist mein Brüderchen, das du vorhin weinen gehört hast«, sagte das Mädchen.

»Wie heißt er?«

»Pedro.«

»Und du?«

»Ana.«

Giovanna wurde traurig und senkte den Kopf.

»Was ist los?«, fragte das Mädchen. Giovanna dachte im Stillen an jemanden mit diesem Namen, einen Menschen, den sie einmal sehr geliebt hatte.

»Pedro schläft. Wir können ein wenig zum Spielen hinausgehen«, sagte das Spiegelmädchen zu Giovanna. »Ich kümmere mich um ihn und meine drei anderen Geschwister. Mein ältester Bruder ist schon aus dem Haus, er ist beim Militär. Meine beiden großen Schwestern leben in Santa Cruz. Wir sehen uns nicht mehr. Meine kleinen Geschwister verdienen Geld mit Schuhe putzen. Ich muss auf das Baby aufpassen und meiner Mama helfen, die zum Waschen in die Häuser geht.«

»Und warum hilfst du ihr jetzt nicht?«, fragte Giovanna.

»Weil ich auf dich warten musste …«

Giovanna erschrak über diese Antwort. »Und dein Papa?«, fragte sie.

»Ich weiß nicht …«, antwortete das Mädchen und wirkte bekümmert. Giovanna schwieg. Zumindest erinnerte sie sich daran, dass ihr Papa, bevor er sie an der Tür des Waisenhauses mit einem Erdbeerlutscher zurückließ, mit ihr zum Spielen in den Park gegangen war und ihr kleine Autos aus Sardinenbüchsen mit Rädern aus Flaschendeckeln gebastelt hatte.

»Gehen wir raus«, sagte das Mädchen und nahm sie bei der Hand. Als sie ihre Hand fühlte, war es Giovanna nach Weinen zumute. Aber weil sie normalerweise ihre Gefühle nicht zeigte, zwinkerte sie ein paarmal mit dem Augen. Dann war die Gefahr, weinen zu müssen, vorbei.

Draußen waren andere Kinder, die ihnen zuriefen, sie sollten mit ihnen spielen.

»Komm!«, sagte Ana und steckte Giovanna mit ihrer Begeisterung an. Sie spielten Völkerball, Bockspringen und Nachlaufen. Aber als es gerade am schönsten war, hörten sie das Baby weinen. Ana lief, um nach ihm zu schauen und Giovanna folgte ihr unwillig.

Wie dumm! Ich mag keine Babies.

Als sie in das Zimmer kam, war Ana mit dem Baby beschäftigt.

Sie fragte: »Kann ich dir helfen?«

»Nein«, sagte Ana. Ana nahm das Kind in die Arme. Wie eine erfahrene Mutter wechselte sie ihm die Windeln, wickelte es wieder ein und gab ihm die Flasche mit ein wenig Kamillentee. Da beruhigte sich das Baby.

Beide schwiegen. Für Giovanna fühlte sich die Luft zum Ersticken an.

»Ich muss gehen«, sagte sie.

»Gut«, sagte Ana. »Ich begleite dich, wenn mein Brüderchen seinen Kamillentee getrunken hat.«

Wieder Schweigen! Giovanna fühlte, dass dieses schlanke und blasse Mädchen mit den Augen einer Mutter ihr noch etwas sagen wollte.

»Woran denkst du?«, fragte sie.

»An das, was wohl aus mir im Leben noch wird«, sagte das Mädchen und schaute durch die zerbrochenen Scheiben zum Fenster hinaus.

Giovanna lachte: »Das weiß doch niemand.«

Dann antwortete das Spiegelmädchen: »Auf der anderen Seite des Baches, wo du herkommst, da lebt man vorwärts, und hier drinnen, lebt man rückwärts.«

»Wie denn das?«

»Ich erinnere mich an die Zukunft und du an die Vergangenheit.«

»So, du erinnerst dich an die Zukunft.«

»Ja«, sagte das Spiegelmädchen, während sie ihre Tränen herunterschluckte. »Ja, und dann muss ich weinen.«

»Kannst du es mir erzählen?«, fragte Giovanna ein wenig schüchtern, aber sehr neugierig.

»Deswegen habe ich auf dich gewartet«, sagte das Mädchen und fing an zu erzählen.

»Dieses Brüderchen wird in meinen Armen sterben, und dann wird meine Mama kommen und mit mir böse sein, weil sie glaubt, dass ich nicht gut auf ihn achtgegeben hätte. Dann wird sie mich auf die Straße hinauswerfen, und ich werde in die Stadt gehen. Jetzt bin ich zehn Jahre alt, so alt wie du. Aber wenn das passiert, werde ich vierzehn Jahre alt sein.

Wenn ich auf der Straße lebe, werde ich von Haus zu Haus ziehen und nach Arbeit fragen. Ich werde aber keine finden. Ich werde andere Kinder kennenlernen, die jeden Tag Klebstoff einatmen, damit sie den Hunger, die Kälte und den Kummer ertragen können. Mit ihnen werde ich eine Zeitlang zusammen leben und dabei am Eingang einer Kirche oder auf dem Bahnhof schlafen oder wo ich gerade bin, wenn die Nacht hereinbricht. Am Tag werden wir Autos waschen, und ich werde auf der Straße meine Geschwister treffen. Diese werden nicht mit mir zusammen sein wollen, weil meine Mutter ihnen verbieten wird, sich mir zu nähern. Darunter werde ich sehr leiden.«

Giovanna konnte vor lauter Beklemmung kaum atmen, als sie diese Geschichte hörte. Der Schmerz des Spiegelmädchens ging durch sie hindurch wie ein scharfes Schwert. Aber sie wagte nicht, das Mädchen zu unterbrechen.

»... Dann werde ich 16 Jahre alt. An meinem Geburtstag lerne ich einen Jungen kennen, der Brot verteilt. Ihn heirate ich später.

Dann werde ich schwanger, aber ich habe viel Angst davor, ein Kind zu bekommen. Mein Kind wird geboren. Es ist ein süßes kleines Mädchen. Ich habe Angst, dass sie sterben könnte, aber mein Mann sagt mir, dass wir uns zusammen um sie kümmern werden und ihr nichts geschehen wird.

Zu ihrer Taufe machen wir ein großes Fest, und ihre Taufpatin wird Doña Pancha, die Inhaberin des Ladens.

Mein Mann und ich sind drei Jahre lang glücklich mit unserem Kind, bis dieses eines Tages krank wird und sehr viel hustet.

Dann werde ich mich an mein Brüderchen erinnern und ich werde verzweifelt auf die Straße laufen, um Klebstoff zu kaufen. Wenn ich zurückkomme, wird mein Mann mich mit dem Mädchen im Arm erwarten und mir mit Gewalt den Klebstoff wegnehmen.«

»Das darf doch nicht sein.«, murmelte Giovanna.

»Und dann wird er zu mir sagen, dass ich das Haus verlassen und nie wiederkommen soll. Genau wie meine Mutter!

Wir werden uns ganz schlimm streiten, und dann werde ich die beiden für immer verlassen, weil ich fürchte, dass, wenn ich bleibe, mein Töchterchen ebenso in meinen Armen sterben wird wie einst mein Brüderchen.«

»Tu das nicht! Lass sie nicht allein.«, flehte Giovanna, jetzt weinend.

»Es ist schon vorbei. Ich kann es nicht mehr ändern. Ich werde mein Leben lang leiden, wenn ich daran denke.«

Giovanna wollte helfen und die Schmerzen des Mädchens lindern, das in seiner Angst gefangen war. Es war natürlich noch unendlich unglücklicher als sie selbst. Und sie hatte immer geglaubt, das unglücklichste Mädchen auf der Welt zu sein. Sie ging auf Ana zu und nahm sie in den Arm.

»Kannst du denn deine Zukunft nicht ändern?«, fragte sie.

»Nein, nicht mehr. Aber du musst mir bis zum Ende zuhören. Denn nur du kannst etwas für mich tun, Giovanna.«

Giovanna bat sie, fortzufahren.

»Dann werde ich zum Arbeiten in eine andere Stadt gehen und dort viele Jahre bleiben. Den Klebstoff werde ich endgültig aufgeben. Und ich werde beginnen, in einer Fabrik zu arbeiten.«

»Und deine kleine Tochter?«, fragte Giovanna. »Wirst du nichts mehr von ihr erfahren?«

»Eines Tages werde ich die Ladenbesitzerin Doña Pancha, die Patin meines Kindes, treffen.

Doña Pancha wird mir erzählen, dass es meinem Mann leidgetan hat, dass er mich rausgeworfen hat. Und sie wird mir berichten, dass er nach mir gesucht hat, ohne mich jedoch zu finden. Dann hat er mein Kind in einem Waisenhaus abgegeben. Und danach ist er dem Alkohol verfallen. Sie wird mir erzählen, dass er deshalb krank wurde und starb.«

»Und dein kleines Mädchen?«, fragte Giovanna wieder.

»Mein Mädchen?« Ana hob die Augen und sah Giovanna liebevoll und zärtlich an. »Dieses Mädchen, diese meine Tochter, das bist du, Giovanna.«

»Du? Du bist meine Mama?« Giovanna blickte sie ungläubig an. Dann wurde sie auf einmal böse: »Ich hasse dich. Du hast mich verlassen. Warum bist du erst jetzt zurückgekommen, nachdem es mir endlich gelungen ist, aus diesem schrecklichen Kinderheim zu fliehen. Warum bist du zurückgekommen? Ich hatte dich schon vergessen, Mama!«

Sie erkannte in den Augen des Spiegelmädchens die Augen ihrer Mutter. Sie erkannte ihre Hände und wusste jetzt, warum sie so verwirrt gewesen war, als das Mädchen ihre Hand genommen hatte, um mit ihr zu spielen.

Ana sah sie flehend an.

»Verzeih mir«, flüsterte sie.

Auf einmal verstand Giovanna alles.

Ana drehte sich um und wollte mit dem kleinen Kind auf dem Arm das Zimmer verlassen. Da hielt Giovanna sie fest, umarmte sie fest und bat sie um Entschuldigung für alles, was sie gesagt hatte. Sie versprach ihr, ins Kinderheim zurückzukehren, um dort auf sie zu warten.

Da lächelte das Spiegelmädchen wieder und begleitete sie mit dem Kleinen auf dem Arm. Sie nahmen einander bei der Hand und stiegen gemeinsam hinauf bis zu dem Gipfel des Berges. Von dort kam das Wasser des Baches

herunter, um sie zu bedecken. Giovanna ging wieder durch den Tunnel, durch den sie gekommen war. Im Bach spiegelten sich nur die Steine, die vom Wasser überspült wurden. Von Ana war nichts mehr zu sehen.

In Giovannas Herzen spielten die Gefühle verrückt. Sie hatte ihre Mutter gefunden und erfahren, dass ihr Vater gestorben war. Aber sie wusste auch, was sie zu tun hatte. Sie dreht sich jetzt um und fing an zu laufen. Plötzlich traf sie auf einen jungen Mann, der einen Körper wie aus Glas hatte.

»Giovanna«, sprach er sie an. »Warte!«

Giovanna blieb auf der Stelle stehen. Es war ihr Vater oder, besser gesagt, der Geist ihres Vaters.

»Erschrick nicht«, sagte er zu ihr. »Ich weiß vom Kobold, dass du hier bist. Deswegen bin ich gekommen, um mit dir zu sprechen. Mein Kind, ich bin gestorben und hatte dabei deinen Namen und den deiner Mutter auf den Lippen. Meine Seele wird erst Ruhe finden, wenn du mir verzeihst.«

»Papa«, sagte Giovanna, »ich verzeihe dir.« Und im gleichen Augenblick verschwand der Geist.

Giovanna schloss die Augen und bedeckte ihr Gesicht mit beiden Händen. Sie wollte nichts mehr denken, nichts mehr fühlen. Es roch nach Brot. Als sie die Augen wieder aufmachte, hockte sie in dem Lehmofen. Sie blickte sich um: Das noch frische warme Brot befand sich am selben Ort wie zuvor. Die Zeit hatte still gestanden. Aber der Kobold war nicht mehr da. Da öffnete sie die kleine Ofentür: Das hereinfallende Licht blendete ihre Augen. Da hörte sie die hohe laute Stimme Walburgas: »Um der tausend himmlischen Schlangen willen! Kind, wo steckst du?«

Der Straßenzirkus

Giovanna ging mit Walburga zu den anderen. Die schimpften sie aus. Aber sie verhielt sich ganz still, obwohl sie zuvor auf so etwas immer sehr heftig reagiert hatte.

»Eine halbe Stunde lang haben wir wie die Verrückten nach dir gerufen!«

»Wir sind fast vor Angst gestorben!«

»Ich habe ihr schon die Meinung gesagt«, verteidigte sie Walburga. »Ich habe sogar zu ihr gesagt, dass ich sie in einen Tausendfüßler ohne Füße und mit Fliegenaugen verwandelt hätte, wenn meine Zauberkräfte noch funktionieren würden.«

Giovanna fasste Mut und erzählte ihren Freunden alles, was geschehen war. Die zeigten ihr Zuneigung und Mitgefühl und sagten ihr auch, dass sie sie mochten und sie so annahmen, wie sie war.

Dann sammelten sie so viele Äpfel, wie sie konnten, in eine Tasche. Die nahmen sie mit auf den Weg. Sie wollten versuchen, ein Dorf oder eine Siedlung zu erreichen.

Inzwischen hatte die Hexenhexe vermutlich bereits das Büro für Minderjährige benachrichtigt, damit man die Kinder suchen und zurückbringen solle.

Es begann, dunkel zu werden. Sie hielten an, um eine kleine Pause einzulegen.

»Wir müssen etwas unternehmen, um Geld zu verdienen«, sagte die Capitana. (Das spanische Wort »capitana« bedeutet im Deutschen etwa Kapitänin, Anführerin).

»Ja, von Äpfeln allein können wir nicht leben«, stimmte Giovanna zu. Alle lachten.

»Wie wäre es, wenn wir uns alle eine Vorführung ausdenken würden«, schlug Martin vor. »Ich kann zum Beispiel auf einem Seil balancieren.«

»Und ich kann Hexenmärchen und Familiengeschichten erzählen«, griff Walburga den Vorschlag auf. Sie
wurde dabei rot und verdrehte die Augen.

»Ich kann mich als Zigeunerin verkleiden«, sagte die
Capitana.

»Und ich will der Clown sein«, sagte Andres und
machte einen Luftsprung.

Der kleine Daniel spielte mit dem Hut der Hexe.

»Daniel rausholen Überraschung«, sagte er und nahm
die grüne Hoffnung, die rosa Liebkosung, die weiß-
leuchtende Tapferkeit und jeden einzelnen Schatz seiner
Mama einen nach dem anderen aus dem Hut.

Walburga nahm ihn in die Arme und herzte und küsste
ihn.

Obwohl sie nur Äpfel bei sich hatten, entschlossen sie
sich, den Weg fortzusetzen. Die ersten Sterne erglühten
und der zunehmende Halbmond tauchte auch am Himmel
auf.

»Schaut mal, wie nah der leuchtende Abendstern, die
Venus, an der Spitze des Halbmonds steht«, beobachtete
die Capitana. Kommt, lasst uns schneller gehen!

Sie aßen noch ein paar Äpfel und folgten dem Pfad.
Sie begegneten immer mehr Menschen, was bedeutete,
dass sie schon nahe an einem Dorf sein mussten. Dann
begannen die kleinen weiß getünchten Häuser zu Straßen
zusammenzuwachsen. Sie konnten viele Stimmen und
Musik hören. Dann erreichten sie den Dorfplatz, auf dem
gerade ein Fest stattfand. Umherziehende Verkäufer bo-
ten bunte Luftballons und Zuckerwatte an. Wieder andere

verkauften »anticuchos« (Fleischspieße), »buñuelos« (frittierte Teigfladen) oder andere typische Leckerbissen.

So sehen die Anticuchos aus: Drahtspieße mit gebratenen und gegrillten Fleischstücken und Kartoffeln:

Und die Buñuelos sind gebraten und haben diese Form:

Und hier und dort wurde musiziert.

In der Mitte gab es einen Brunnen. Dort las ein Dichter seine Verse vor:

Oh luna lunera, luna mensajera
dile que la amo, que por ella clamo
Desde que anochece y hasta la mañana
el poeta sólo piensa en su gitana.
Oh, lieber Mond, du Liebesbote,
sag' ihr, dass ich sie liebe, dass ich nach ihr rufe.
Von der Abenddämmerung bis zum Morgen
denkt der Dichter nur an die Zigeunerin.

Die Gruppe der Kinder ging weiter, ohne stehenzubleiben. Nur die Capitana schaute gebannt hin. Der Dichter war ein großer, blasser Mann mit langem Bart und traurigen dunklen Augen. Als er das seiner Zigeunerin gewidmete Gedicht vorgetragen hatte, sagte er:

»Ich habe dieses Gedicht für eine schöne Frau, eine sanfte Zigeunerin, geschrieben, die leider jetzt nicht hier ist.«

Eine Alte, die ihm verdrießlich zuhörte, murmelte zwischen den Zähnen: »Armer Dichter, er sagt immer dasselbe. Er schreibt Gedichte für Frauen, die nicht da sind.«

»Komm schon, Capitana.« Walburga drehte sich um und zog sie mit sich und den anderen weiter. »Wir müssen ein Seil suchen, um es zwischen diese beiden Bäume zu spannen. Sonst können wir kein Geld verdienen«, sagte sie, während sie mit ihrem dünnen Finger auf zwei Bäume zeigte, die einander mit einer gewissen Entfernung gegenüber standen.

Giovanna unterhielt sich gerade mit einer Essensverkäuferin. Dann kam sie mit dem gesuchten Seil in der Hand wieder.

»Ich habe es. Ich habe die Frau, die die Spieße verkauft, gebeten, es mir zu leihen. Wir werden sie mit ein paar Münzen bezahlen, wenn wir Geld verdient haben. Das schwierigste Problem ist schon gelöst.«

»Du brauchst dich jedenfalls nicht zu verkleiden«, sagte Martin zu Walburga, und alle stimmten ihm fröhlich zu.

»Wie verkleiden wir Andrés?«, fragte Giovanna.

»Ich kümmere mich darum«, sagte die Capitana und kam kurze Zeit später mit Holzkohlestücken in der Hand wieder.

»Hiermit werde ich dir einen riesigen Mund malen. Er kann ruhig schwarz sein. Etwas anderes habe ich nicht bekommen.«

Der Zuckerwatteverkäufer hörte ihnen zu und lachte sehr über ihre Ideen. Sie verrieten ihm ihren Plan, ohne jedoch zu verraten, wer sie waren. Ihm gefielen die Kinder und die Hexe, deshalb schenkte er ihnen zwei rosa Zuckerwattebäusche. Als Andres sie sich auf beide Seiten des Gesichts steckte, sah er auf einmal aus wie ein Clown.

»Als Clown braucht er große Schuhe«, sagte Martin.

»Nun gut«, sagte Walburga und verzog ihren Mund missmutig. Sie zog ihre großen Schuhe aus, und obwohl sie barfuß bleiben musste, bis die Vorstellung vorbei war – denn Andres' Schuhe passten ihr nicht – lieh sie sie ihm. Mit den verkehrt herum angezogenen Hexenschuhen, den Haarbüscheln aus Zuckerwatte und dem riesengroßen schwarzen Mund sah Andres nun sehr komisch aus.

»Aaaachtung! Aaaachtung!«, rief die Capitana. »Hier kommt der große Hexenzirkus. Aaachtung! Aaachtung!«

Giovanna nahm sich einen Karton und einen Stock und fing an zu trommeln. Die Leute blieben erstaunt stehen und bildeten bald einen Kreis um die Gruppe.

»Als erstes kommt der Clown Andresín Conterín. Applaus!« Das Publikum applaudierte. »Sie brauchen ihm nur zu sagen, was er tun soll. Dann werden Sie schon sehen.«

»Weine mal«, sagte ein Kind.

»Ha, ha, ha, ha«, begann Andrés, zu lachen. Das Publikum applaudierte.

»Bleib ruhig«, sagte ein anderes Kind. Und Andrés fing an, zu springen.

»Geh' nach rechts!«, und er ging nach links.

»Und jetzt nach vorne.« Und er ging rückwärts.

Das Publikum amüsierte sich eine ganze Weile großartig mit ihm. Dann nahm Giovanna Martín die Mütze ab und sammelte damit Münzen ein.

»Vielen Dank, meine Damen und Herren, und jetzt kommt zu Ihnen die Märchenhexe Walburga vom Blocksberg.«

Walburga, die eigentlich sehr schüchtern war, hatte sich für diese Situation ihre Schuhe wieder angezogen, und stand jetzt, rot wie eine Tomate, inmitten all der Leute.

»Fragt sie, was ihr wollt«, sagte die Capitana. »Aber bittet sie nicht, zu hexen, denn sie kann es nicht, da ihr Besen kaputtgegangen und sie vom Himmel gefallen ist.«

Lachen und Applaudieren. »Aber sie kann Ihnen natürlich Hexenrezepte verraten.«

»Was soll ich tun, damit mein Freund mich nicht verlässt?«, fragte ein junges Mädchen.

»Du musst ihm eine Haarsträhne abschneiden, sie mit den Haaren eines treuen Hundes vermischen und verbrennen, indem du sagst:

> Verlass mich nicht,
> verlass mich nicht
> wie ein treuer Hund
> wirst immer sein.«

»Und was kann ich tun, damit mir meine Lehrerin nicht so viele Ohrfeigen gibt?«

»Du musst die Flügel eines Nachtschmetterlings mit ein paar Tropfen Krokodiltränen, einer Prise gemahlenen Rhinozerushorns und nach Geschmack mit Salz vermischen. Dann gibst du alles in ein Glas mit Meerwasser. Davon gibst du der Lehrerin zu trinken und wartest drei Tage. Nach drei Tagen werden ihre Hände krumm sein, sie wird sie nicht mehr heben können, um dich zu schlagen. Das einzige, wozu sie noch in der Lange sein wird, ist, sich selber Ohrfeigen zu geben.«

Kinder und Erwachsene lachten begeistert. Einige machten sich auch Notizen zu den Rezepten der Hexe.

»Und für die untreuen Ehemänner?«

»Und für die unruhestiftenden Schwiegermütter?«

»Und für die ausbeuterischen Chefs?«

»Und für die immer schimpfenden Mütter?«

»Und damit die Lehrer nicht die Hausaufgaben kontrollieren?«

Walburga hatte Rezepte für alles. Aber der Abend schritt voran, und die anderen mussten ja auch noch ihre Vorstellung geben.

Während Walburga Familiengeschichten erzählte und Rezepte gab, waren die Capitana und Giovanna auf die Suche nach einem Kopftuch, einer Schürze oder etwas anderem gegangen, um die Capitana als Zigeunerin zu verkleiden. Die Tochter einer Limonadenverkäuferin lieh ihnen das Kopftuch ihrer Mutter. Mit dem Geld, das sie schon verdient hatten, konnten sie einige Spielkarten kaufen, die dort auch verkauft wurden. Sonst fanden sie nichts. Das musste reichen.

Als sie zurückkamen, beendete Giovanna die Vorstellung der Hexe und kündigte an:

»Als nächstes, meine Damen und Herren, wird die moderne Zigeunerin Ihnen die Zukunft voraussagen. Es kommt zu Iiihnen: »Diiie *Capitaaana*!«« Die Leute begannen schon, weiterzugehen, um sich andere Sachen anzuschauen, da näherte sich eine Frau und sagte:

»Hallo, junge Frau, wenn Sie Zigeunerin sind, sagen Sie mir, was mein Problem ist, nicht das, was mir erst noch passieren wird, sondern, das, was mir jetzt geschieht. Wenn Sie mir das sagen, zahle ich Ihnen das Doppelte.«

Um der tausend himmlischen Schlangen willen! dachte Walburga, während sie einen erschrockenen Blick mit der Capitana wechselte. Diese verbarg jedoch ihre Angst, nahm die Karten, mischte sie und legte sie der Reihe nach auf ihr Tüchlein. Dann sprach sie:

»Sie haben Sorgen. Ihr Sohn hat vor einigen Monaten das Haus verlassen, weil Sie ihn zu Unrecht geschlagen haben. Er hat immer noch eine Wunde an der rechten Pobacke.«

»Ja«, sagte die Frau erstaunt. »Das stimmt.«

»Sie denken, dass er nicht mehr zurückkommen wird. Aber Sie täuschen sich. Ihr Sohn wird bald wieder bei Ihnen sein. Es tut ihm leid, dass er weggegangen ist. Er liebt Sie sehr. Die Wut ist ihm schon vergangen. Wichtig ist, dass Sie nicht mehr so ungerecht und gewalttätig zu ihm sind. Wenn Sie ihn noch einmal so schlagen, wird er Sie für immer verlassen.«

Da fing die Frau an zu weinen. Die Leute waren verwundert und blieben stehen, ...

»Es stimmt, es stimmt«, sagte sie, »mein Sohn ist weggelaufen.« Sie nahm einige Münzen heraus und gab sie der Capitana. Dann ging sie weiter und unterhielt sich mit einer anderen Frau.

Jetzt näherte sich ein kleines Mädchen. »Ich habe mein Hündchen verloren.«

Die Capitana nahm ihre Hand und sagte zu ihr: »Ein Kind hat es gefunden und passt auf es auf. Es ist nur drei Straßenecken von dir zu Hause entfernt.« Das Kind war glücklich. Und da es kein Geld zum Bezahlen hatte, gab es seinen Lutscher her. Die Schlange der wartenden Menschen war sehr lang, so dass die Capitana müde wurde und schließlich Giovanna bat, die nächste Nummer anzukündigen.

»Danke! Danke! Und jetzt große Gefühle, Abenteuer, Spannung! Atem anhalten, keinen Lärm machen. Unser Seiltänzer Martín Saltarín kommt jetzt zu Ihnen. Giovanna begann, schnell zu trommeln, wie man es im Zirkus macht, um die Trapezkünstler anzukündigen.

Martin kletterte auf den Baum. Die Kinder merkten erst jetzt, wie hoch das Seil gespannt war.

Blicke der Bewunderung und des Schreckens richteten sich auf ihn, der mit wunderbarer Schnelligkeit auf das Seil kletterte und begann, darüber zu gehen. Zunächst Schritt für Schritt, immer einen Fuß vor den anderen setzend, dann – plötzlich ein leichtes Schwanken – und die Leute schrien! Er fing sich aber schnell wieder, ging weiter vorwärts, dann drehte er sich um und ging rückwärts. Und schließlich lief er von einer Seite zur anderen. Sogar Walburga kaute vor Aufregung an ihren Nägeln.

Niemand konnte sich ausmalen, welche Angst die Kinder bei dieser Vorstellung ausstanden. Denn sie wussten zwar sicher, dass Andrés über die Dachkante gehen konnte, sie hatten ihn jedoch noch nie auf einem Seil in dieser Höhe gehen sehen. Zu dieser Vorstellung waren alle Leute vom Platz zusammengekommen. Niemand hielt sich mehr an den anderen Ständen des Platzes auf. Auch die Frauen hatten ihre Kochtöpfe verlassen, um die Vorstellung des Seiltänzers zu sehen.

»Braaavooo!«

Als Martin wieder herunterkam, regnete es Applaus und Münzen.

Die Frau, die ihnen das Seil geliehen hatte, wollte von ihnen keinen einzigen Cent, obwohl sie ja jetzt genug hatten, um sie zu bezahlen.

Dann plötzlich richtete die Capitana ihren Blick auf den Dichter. Er saß an einem Brunnen, ganz allein und still. Er hob den Blick zum Himmel voller Lichter. Der Mond stand im zunehmenden Viertel. Und ganz nah bei ihr war der leuchtende Stern. Das Mädchen erschauderte.

Es war schon spät. Außer ihnen waren nur noch einige Betrunkene, der einsame Dichter und die letzten Verkäuferinnen, die ihre Stände abräumten, draußen. Die Kinder gaben alles zurück, was sie geliehen hatten und kamen zusammen, um über den Tag zu sprechen.

Sie waren aufgewühlt und erregt. Nur der kleine Daniel war in den Armen der Hexe eingeschlummert. Sie hatten insgesamt 85 Pesos und 50 Centavos verdient sowie einen Lutscher geschenkt bekommen. Das war nicht schlecht. Das würde wenigstens fürs Essen reichen.

»Wie konntest du so viele Sachen voraussagen?«, fragte Giovanna die Capitana.

»Ich weiß es nicht«, sagte diese. »Sie fielen mir einfach ein, als ich in die Karten schaute.«

Die Nacht war lauwarm, und so konnten sie am selben Ort schlafen. Jeder suchte sich eine gemütliche Ecke auf dem Dorfplatz und ließ sich vom Schlaf davontragen.

Als die Capitana eingeschlafen war, träumte sie, wie der Mond im zunehmenden Viertel stand und sich mit dem leuchtenden Stern, der Venus, traf.

Ein magischer Moment

Als es Morgen wurde, weckte der Geruch von frischem Brot in Giovanna die Erinnerung an den Ofenkobold und das Spiegelmädchen. Das machte sie ein wenig melancholisch. Sie gingen gemeinsam zum Markt, um zu frühstücken, und nahmen jeder eine große Tasse heißen Tee und Brot mit frischem Käse zu sich.

Sie nahmen sich vor, ihre Vorstellung am Abend zu wiederholen und sie noch zu verbessern. Als sie aufbrachen, sahen sie einige Zigeuner, die ihr Zelt abbrachen.

»Sie nehmen deinen Wohnort mit«, sagte Martin lachend zur Capitana.

Cecilia fühlte einen seltsamen Stich in ihrem Herzen und lachte nicht über den Witz.

Sie kehrten zum Platz zurück und begannen, die Vorstellung für den Abend mit ein paar Abänderungen zu planen. Der kleine Daniel bestand darauf, Überraschungen aus dem Hut der Hexe zu ziehen. Und Giovanna hatte die Idee, dass es sehr lustig werden könnte, wenn man ihm ein paar Tricks beibringen würde.

Sie kauften ein Plüschkaninchen für Daniels Nummer und ließen ihn ein paar Mal üben. Dann kauften sie noch eine Creme und Farben, um den Clown besser zu schminken, und schon hatten sie fast kein Geld mehr.

Dann kam der Abend und mit ihm die Musik und die Leute. Der Platz belebte sich. Einige Zigeunerinnen waren auch auf den Platz gekommen, deshalb verzichtete die Capitana auf ihre Nummer. Sie war wirklich unruhig und nervös. Während sie am Abend vorher als Erste die Zirkusnummern angekündigt hatte, bat sie heute Giovanna darum, sie zu vertreten.

Bald sah sie von weitem den Dichter, der, von einigen Zuhörern umringt, seine Gedichte vortrug:

Oh, lieber Mond, du Liebesbote,
sag' ihr, dass ich sie liebe, dass ich nach ihr rufe
Von der Abenddämmerung bis zum Morgen
denkt der Dichter nur an die Zigeunerin.

Cecilia blickte zum Himmel und beobachtete, wie der leuchtende Stern sich langsam dem Scheitelpunkt des zunehmenden Mondes näherte. Sie begann weiterzugehen, ohne den Blick vom Firmament zu nehmen, bis zu dem Augenblick, in dem sich der Scheitel des Mondes mit dem leuchtenden Stern vereinte.

Ihre Augen füllten sich mit Tränen, und genau in diesem Augenblick stieß sie mit jemand zusammen. Zu ihrer Überraschung war es der Dichter, der genau wie sie dieses Wunder am Himmel anschaute.

Beiden verschlug es die Sprache, und dann bemerkten sie eine schöne Zigeunerin mit langem seidig gelocktem Haar, deren Augen wie die von Cecilia glänzten. Die Zigeunerin trug nur auf einer Seite einen Ohrring, der einen blauen Mond und einen Stern darstellte.

Es waren keine Worte mehr nötig. Die drei umarmten sich, und der Augenblick wurde zur Ewigkeit. Es waren Cecilias Eltern: Ein Dichter und eine Zigeunerin. Das Schicksal hatte sich erfüllt. Und nun verstand Cecilia auch, warum sie am Abend zuvor so gut hatte weissagen können.

Sie gingen miteinander zum Zelt der Zigeunerin. Dort unterhielte sie sich lange. Cecilia umarmte ihren Vater und ihre Mutter und schaute sie an, als könne sie in ihren

Augen die Wiedergutmachung für ich langes Verschwinden finden.

»Ich bleibe bei dir«, sagte das Mädchen zur Mutter.

Die Mutter zog den Ohrring aus und befestigte ihn an dem anderen Ohr des Mädchens.

»Jetzt ist er da, wo er hingehört«, sagte sie.

»Ich bleibe bei dir«, sagte Cecilia noch einmal.

Dann umarmte der Dichter sie. »Deine Mutter und ich sind umherziehende Leute, wir gehören an keinen festen Ort und sind nirgendwo zu Hause. Willst du so leben, meine Tochter?«

»Ich will eine Familie haben«, erwiderte das Mädchen.

Die Zigeunerin nahm ihre Hand, öffnete sie und las darin:

»Meine Liebe! Dein Schicksal stand schon fest in den Sternen geschrieben, bevor du geboren wurdest. Deswegen konnte ich dich nicht bei mir behalten. Sag mir, sag mir doch, was du im Leben haben möchtest. Denn jetzt hängt es von deiner Wahl ab. Wenn du willst, kannst du Zigeunerin sein und lernen, zu tanzen, von Ort zu Ort zu ziehen und eine immerwährende Liebe finden, mit der du nicht wirst zusammenleben können – so wie ich und viele andere, die unterwegs sind. Du kannst dann die Zukunft der Menschen voraussagen, ihnen Rosen oder Dornen versprechen. Du kannst entscheiden.«

»Ich will eine Familie haben, an einem sicheren Ort leben und einen Hund zum Spielen haben. Ich will studieren, heiraten, Kinder haben und mit ihnen und meinem Mann leben. Ich will mich dafür einsetzen, dass es auf der Welt weniger verlassene und traurige Kinder gibt. Dafür will ich arbeiten.«

Die Zigeunerin und der Dichter wechselten einen Blick. Sie umarmten ihre Tochter zärtlich und sahen sie auch so an, als wollten sie ihr Verschwinden wieder gutmachen. Dann sagte die Zigeunerin:

»Genauso steht dies alles in den Sternen. Du kannst das eine oder das andere sein. Du kannst das eine oder das andere haben. Du hast gewählt, liebe Cecilia. Hab' nur Vertrauen, der entscheidende Augenblick deines Lebens ist jetzt gekommen. Du hast Eltern, die auf dich warten und dir alle Wünsche erfüllen werden.«

»Kann ich denn nicht mit euch …?«, fragte Cecilia weinend.

Der Dichter schüttelte den Kopf. Die Zigeunerin wickelte sie in ihren durchsichtigen Schleier und bedeckte sie mit tausend Zärtlichkeiten. »Du wirst uns nie verlieren. Wir waren nie weit von dir entfernt. In deinem Blut sind eine Zigeunerin und ein Dichter. Beides wird dir helfen, die zu sein, die du sein möchtest.«

Die Leute waren noch alle um Martin versammelt. Deshalb bat Cecilia ihre Eltern, sie zu begleiten. Sie gingen mit ihr, und nach der Vorstellung lernten sie die Freunde ihrer Tochter kennen. Sie erzählten sich gegenseitig ihre Geschichten und aßen miteinander zu Abend.

Danach bat die Zigeunerin alle darum, ihr sehr aufmerksam zuzuhören.

»Wir Zigeuner werden morgen Mittag zum nächsten Dorf weiterziehen. Dort gibt es einen Zirkus, und wie in jedem Zirkus gibt es da auch ein Trapez.«

Martins Augen glänzten. Die Zigeunerin sprach weiter: »Der Trapezkünstler des Zirkus sucht einen Kollegen. Er findet keinen, weil es sehr schwierig ist, jemandem beizubringen, auf einem Seil zu gehen, Luftsprünge

zu machen und das Gleichgewicht zu bewahren, ohne Angst zu haben, herabzustürzen. Martin, ich glaube, das ist dein Platz. Wenn du willst, kannst du mit mir kommen, wenn nicht, kannst du auch eine andere Aufgabe finden.«

Martin machte einen Luftsprung und umarmte Walburga so stürmisch, dass ihr der Hut vom Kopf fiel.

»Davon habe ich schon mein ganzes Leben geträumt. Ich gehe mit dir«, sagte er zu der Zigeunerin.

»Um der tausend himmlischen Schlangen willen! Denk noch ein wenig nach, Martin«, bat die Hexe ihn, mehr um ihret- als um seinetwillen. Sie mochte ihn sehr und wollte ihn nicht verlieren. Aber als sie sah, wie sehr Martins schwarze Augen von Freude erfüllt waren, blieb ihr keine Wahl.

»Mama, kann ich bei dir schlafen?«, fragte Cecilia.

Die Zigeunerin nickte, und in der Nacht schliefen die beiden zusammen im Zelt der Zigeuner. Am folgenden Morgen trafen sie sich wieder mit den Kindern und der Hexe, die auf dem Platz geschlafen hatten. Der Dichter war schon gegangen, hatte aber eine Rose am Brunnen hinterlassen.

Um die Mittagszeit war Martin bereits fertig zum Aufbruch. Die Kinder und die Hexe verabschiedeten sich unter Tränen und mit guten Wünschen von ihrem Seiltänzer.

Die Hexe nahm Martin zur Seite und sagte zu ihm, während sie ihm eine süße rosa Liebkosung schenkte, »Wenn du dich allein fühlst und Wärme brauchst, denk an uns und deck dich mit diesem Schatz zu.«

Martin nahm den Schatz, gab Walburga einen Kuss auf die Wange, streichelte über ihr graues Haar und kehrte, ohne etwas zu sagen, zu der Zigeunerin zurück.

»Wir werden uns wiedersehen, das schwöre ich dir«, sagte die Zigeunerin zu ihrer Tochter. »Sei glücklich, Cecilia, sei sehr glücklich.«

Cecilia wusste, dass sie nichts ändern konnte. Sie umarmte ihre Mutter und ließ sie gehen – bis zu einem nächsten Treffen.

Sie war sehr traurig, als sie zur Gruppe zurückkehrte. Walburga nahm all ihre Schätze aus dem Hut, um sie zu trösten. Kaum hatte sie die grüne glänzende Hoffnung in den Händen, füllte sich das Herz der Capitana mit Träumen und Zukunftsprojekten. Da sagte die Märchenhexe zu ihr:

»Die grüne, glänzende Hoffnung ist für dich. Sie hilft dir, nie die Kraft und den Wunsch zu verlieren, das zu werden, was du sein willst. Das hat mir Dornr ... ich meine, die Ñusta vom Heiligen See erzählt.«

Es war nicht leicht für die Kinder, auf der Straße zu leben. Sie mussten einen Ort finden, an dem sie sich alle sicher fühlen konnten.

Da sie ein paar Pesos gespart hatten, konnten sie einen Bus in die Stadt nehmen.

»Ich muss ins Waisenhaus zurück«, sagte Giovanna. »Meine Mutter kommt, um mich abzuholen. Nur so können wir uns treffen.«

Alle waren jetzt still. Sie hätten ihr gerne gesagt, dass dies ein schrecklicher Ort sei, wussten aber auch, dass Giovannas Wunsch, zurückzukehren, zu stark war. Walburgas Herz machte wieder *krick, krick*, und Tränen fielen aus ihren Augen.

»Ich muss dir noch etwas geben«, sagte die Hexe, indem sie ihr die weiße glühende Tapferkeit gab. Die wirst du brauchen. Du brauchst Mut, um der Hexenhexe zu begegnen.

Der Bus hielt ganz in der Nähe des Kinderheims. Giovanna umarmte alle, einen nach dem anderen, und stieg allein aus. Die übrigen Kinder und Walburga schauten aus dem Fenster, bis sie sie aus den Augen verloren.

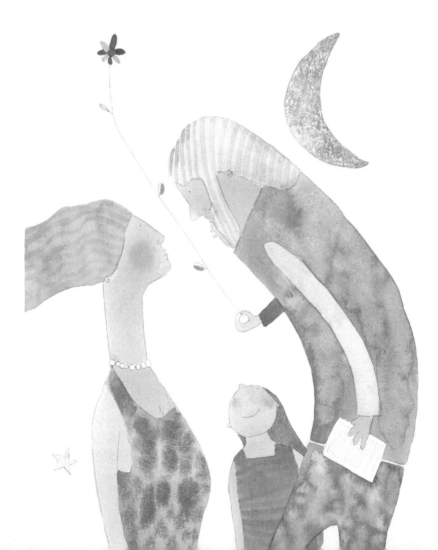

Der Marsch
für Leben und Würde

Eine große Ansammlung von Menschen, die offensichtlich vom Land kamen, überquerte die Straße in einer lärmenden Demonstration.

»Ich fahre nicht mehr weiter«, sagte der Busfahrer. »Wer will, kann hier aussteigen. Ich fahre jetzt zurück.«

Alle stiegen aus und warteten darauf, dass die Gruppe die Straße überqueren sollte.

In der Nähe gab es einen großen Sportplatz. Die Kinder und Walburga entschieden, sich der Gruppe anzuschließen, um mitzubekommen, was da vor sich ging.

Als sie den großen Platz erreichten, ergriff der große Häuptling das Wort und begann, über die Rechte der einheimischen Völker Boliviens zu sprechen. Er sagte, dass die Holzfirmen die Wälder zerstören würden, dass ihnen das Gleichgewicht der Natur egal sei, dass sie die Natur ausbeuten wollten, um viel Geld zu verdienen und ihr Kapital zu vergrößern.

Auch eine Frau sprach. Sie sagte:

»Wir müssen für unsere Rechte kämpfen. Lasst uns für das Leben und die Würde unserer Völker kämpfen. Wir leben von dem, was die Natur uns gibt, viel mehr brauchen wir nicht. Deshalb haben wir ein Recht auf unser Land. Wir jagen und fischen, um zu überleben. Wir verwenden Kräuter zum Heilen. Wir schützen die Mutter Erde und sind Teil von ihr. Der Wald war immer unser Zuhause. Achtet uns!«

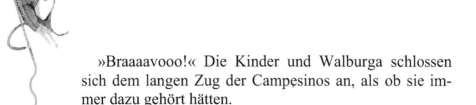

»Braaaavooo!« Die Kinder und Walburga schlossen sich dem langen Zug der Campesinos an, als ob sie immer dazu gehört hätten.

Die Leute kamen aus dem Osten Boliviens, dem Gebiet des Kobolds der Taperas. Walburga wollte erst jemanden fragen, ob er nicht ihren Freund, den Kobold, gesehen habe, um ihm Grüße zu schicken. Doch dann schwieg sie lieber. Sie hielt es für besser, nicht aufzufallen. Das war mit ihrem großen, inzwischen schon ziemlich zerknitterten Hut sowieso nicht leicht.

Die Campesinos blieben auf dem Sportplatz und setzten sich auf die grüne Wiese, um auszuruhen. Die Hexe und die Kinder entschieden ebenfalls dazubleiben, und begannen, sich mit den Leuten zu unterhalten.

Eine Gruppe von Frauen und Männern aus der Stadt kam mit einem riesigen Topf voller Essen und begann, Mittagessen auszuteilen.

Eine sehr sympathische Frau erblickte die Gruppe der Kinder mit der Hexe.

»Kommt, esst mit uns«, lud sie sie ein. Heiße duftende Erdnusssuppe mit Nudeln stillte den Hunger der Hexe und der Kinder. Die Capitana setzte sich neben die Frau.

»Ihr seid aus dem Tiefland, nicht wahr?«, fragte sie.

»Ja«, sagte die Frau. »Ich gehöre eigentlich zu den Helfern. Ich bin Mitglied der Menschenrechtskommission. Mein Mann und ich sind Rechtsanwälte. Wir arbeiten zusammen. Sieh, dort ist er.« Und sie zeigte auf einen großen Mann mit freundlichem Lächeln und langem Haar, das hinten zusammen gebunden war. Er half beim Suppe-Austeilen. »Ich heiße Julia, und wer bist du?«, fragte die Frau.

»Ich bin die Ca …. Ich meine, ich heiße Cecilia und das sind meine Freunde.«

In diesem Augenblick kam der Mann näher und stellte sich auch vor, indem er Cecilia die Hand entgegenstreckte. »Ich bin David. Und du?«

»Cecilia. Dies sind Walburga, Andrés und Danielito«, fuhr sie fort, indem sie auf sie zeigte.

»Und jetzt erzähl' uns, was ihr hier macht«, bat Julia.

Die Capitana hatte Angst, weil sie dachte, dass die Rechtsanwälte vielleicht die Polizei rufen würden und sie dann zurück ins Waisenhaus müssten.

»Ich muss schon gehen. Danke für die Suppe«, sagte sie.

Da ergriff David ihre Hand und sagte zu ihr, während er sie sehr liebevoll ansah: »Hab keine Angst. Wir werden nichts tun, das dir schadet. Wir beschützen arme Menschen, schwache Menschen, solche, die Probleme haben. Deswegen sind wir jetzt bei den Campesinos. Wir helfen auch Kindern. Hab' Vertrauen, Cecilia.«

Das Mädchen zögerte einen Augenblick und schaute die Freunde an. Dann begann sie, den beiden zu erzählen, was sie erlebt hatten. Dabei erwähnte sie allerdings nicht, dass Walburga eine Hexe war. Und auch die Geschichte von der Begegnung mit ihren Eltern und die Geschichten von Giovanna und Martin ließ sie weg. Dann flehte sie die beiden an, dass sie nur ja nichts davon weitererzählen sollten und dass sie sie nicht ins Waisenhaus zurückbringen sollten. Denn es war sehr schwer gewesen, von dort zu fliehen. Das Ehepaar versprach ihr, zu helfen und beruhigte sie.

»Und die Alte mit dem Hexenhut?«, fragten sie dann unvermittelt.

»Sie ist die Großmutter von Andrés und Danielito. Weil sie die beiden nicht ernähren konnte, hat man sie ihr weggenommen«, log die Capitana, um ihre Freunde zu schützen.

»Walburga hat uns geholfen, aus dem Heim zu fliehen. Aber wenn sie gefunden wird, kommt sie ins Gefängnis. Sie ist sehr gutmütig, aber ein bisschen verwirrt. Sie hält sich für die Märchenhexe.

Die beiden lachten und sagten Cecilia, dass sie sie und ihre Freunde am späten Nachmittag am selben Ort erwarten würden.

Walburga ärgerte sich sehr, als die Capitana von dem Gespräch berichtete und über das, was sie über sie gesagt hatte.

»Um der tausend himmlischen Schlangen willen!«, sagte sie. »Jetzt glauben die, dass ich eine verrückte Alte bin. Da bin ich lieber eine Hexe, eine böse Hexe, die eines Tages auf die Tapera des Kobolds gefallen ist. Wenn meine Zauberkunst noch wirkte, hätte ich dich jetzt in eine verdrehte Vinchuca mit dem Gesicht einer haarigen Spinne verwandelt.«

»Verzeih, Walburga«, entschuldigte sich das Mädchen. Ich konnte dich nur so schützen. Die Erwachsenen glauben nicht an Hexen und Kobolde.

»Ich gehe«, sagte Walburga und nahm Daniel auf den Arm und Andrés an die Hand. Ich wollte sagen, wir gehen. Bleib du nur hier und warte auf diese wichtigen Anwälte der Menschenrechte. Schließlich bin ich kein Mensch. Für die Rechte einer Hexe wird sich niemand einsetzen.«

»Sei nicht launisch«, bat die Capitana, »bleib!«

»Nein!«

»Du bleibst, habe ich gesagt!«, befahl sie.

Walburga zögerte. Schließlich hatte diese Ponyträgerin nicht umsonst den Namen »Capitana« erhalten.

»Nun, dann bleiben wir!«

»Ja, wir bleiben, und Vorsicht, bevor du mir widersprichst«, drohte die Capitana.

Genau wie sie es versprochen hatten, kamen die beiden Rechtsanwälte am Abend wieder.

»Kommt, wir gehen zu uns nach Hause«, sagte David.

»Wohnt ihr hier?«, fragte die Hexe

»Ja, hier in der Nähe, lasst uns gehen.«

Sie näherten sich einem schönen, mit einem Garten umgebenen Haus.

Sie gingen ins Wohnzimmer und dann ins Esszimmer.

»Ihr könnt hier schlafen, bis wir wissen, was wir unternehmen können«, sagte David.

»Nehmt eine heiße Dusche!, und dann können wir uns unterhalten«, schlug Julia vor.

Walburga starb fast vor Angst. Sie hatte sich noch niemals geduscht. Natürlich war sie schon in den Fluss gegangen, um mit den Kindern zu spielen, aber – eine warme Dusche? Sie wusste noch nicht einmal, was das war.

Zuerst ging Cecilia mit Andrés und Danielito unter die Dusche.

»Ich kümmere mich darum«, sagte sie. Im Waisenhaus hatte sie immer geholfen, die Kleinen zu baden.

Währenddessen unterhielt sich das Ehepaar mit Walburga.

»Ja«, sagte sie. »Daniel und Martin sind meine Enkel. Es ist eine lange Geschichte, aber ich versuche, sie zusammenzufassen.«

»Meine Tochter war eine sehr schöne junge Frau. Ich hätte sterben können vor Neid wegen ihrer Schönheit. Deswegen beauftragte ich einen Jäger, sie zu töten. Zu meinem Leidwesen hat er nicht gehorcht. Dann hat mir der Spiegel an der Wand verraten, dass sie noch lebte. Es blieb mir nichts anderes übrig, als sie mit einem vergifteten Apfel aufzusuchen. Das Luder biss hinein, und weil sie es so gierig tat, verschluckte sie sich und starb fast daran. Aber so ein blöder Prinz hat sich eingemischt, sie gefunden, hat ihr ein paarmal auf die Schulter geklopft, und dann löste sich das Apfelstück, was ihr in der Kehle steckengeblieben war. Sie lebte wieder auf und heiratete dann den Prinzen. Sie bekamen zwei Kinder: Andrés, der alles verkehrt herum macht (verkehrt heißt »revés« auf Spanisch und reimt sich auf Andrés) und den kleinen Daniel.«

Von Zeit zu Zeit berührte die Hexe ihre Nase, um festzustellen, ob sie nicht weiterwuchs wie bei Pinocchio. Aber da sie immer noch dieselbe Länge hatte, erzählte sie ruhig weiter.

»Ihr wisst nicht, wie unverantwortlich die jungen Leute heute sind. Eines Tages beschlossen meine Tochter und mein Schwiegersohn, eine Weltreise zu machen, und brachten ihre Kinder ins Heim. Und weil ich keine schlechte Hex…, ich meine, Großmutter bin, kam ich gerade an dem Tag an, als die Capitana mit meinen beiden Enkeln fliehen wollte. Da habe ich ihnen geholfen. Wisst ihr, das Kinderheim wird nämlich von einer wirklich hexenhaften Hexe mit absolut schriller und gellender Stimme geleitet. Sie sagte zu den Kindern: …«

Die Frau und der Mann sahen Walburga mit offenem Mund an. Das weckte Walburgas Zweifel, ob sie ihr glaubten.

»Du bist dran, Walburga«, hörte man jetzt die Stimme der Capitana.

Aus dem Bad kamen die drei Kinder schön gekämmt und mit glänzenden Gesichtern.

Walburgas Knie schlotterten und klapperten wie Kastagnetten. Julia lächelte und begleitete Walburga zum Bad. Sie zeigte ihr, wie man das Wasser ins Becken einlaufen und wieder ablaufen ließ, gab ihr ein sauberes Handtuch und zeigte ihr Seife und Schwamm. Sie lieh ihr auch ein buntgeblümtes Kleid, das sie anziehen könnte, während das Hexenkleid und der Hut gereinigt würden. Dann schloss sie die Tür, um Walburga der schwierigen Heraus-forderung des Duschens zu überlassen.

Andrés erzählte dem Rechtsanwalts-Ehepaar, dass es ihm nicht gefiele, sauber zu sein, dass er nicht müde sei, von Ort zu Ort zu wandern und dass er ins Waisenhaus zurückwolle, weil er die Hexenhexe nicht fürchte.

Die beiden verstanden das sofort, denn sie wussten schon, dass Andrés alles verkehrt herum sagte. Sie machten sich jedoch sehr viel Sorgen um die Situation der Kinder. Eine Großmutter, die sich für eine Hexe hielt, ein Kind, das verkehrt herum sprach, ein Kleinkind, und schließlich ein Mädchen, das die ganze Gruppe führte und überraschend intelligent zu sein schien. Das war ziemlich verwirrend.

Da die Capitana sehr praktisch veranlagt war, legte sie Andrés und Danielito nebeneinander in ein Bett. Dann gesellte sie sich wieder zu dem Paar und unterhielt sich mit ihnen, während Walburga duschte.

»Habt ihr Kinder?«, fragte sie.

»Nein«, sagte Julia. David ergriff die Hand seiner Frau und fügte hinzu:

»Wir haben nur einen kleinen weißen Hund, der jetzt im Hinterhof ist. Du wirst ihn noch kennenlernen. Er ist ziemlich wild, aber auch verspielt. Deswegen lassen wir ihn nicht oft in die Wohnung.«

Dann schwiegen sie für einen Moment. Julia sah das Mädchen zärtlich an.

»Wir möchten gerne ein Kind adoptieren«, fuhr David fort.

»Der kleine Daniel hat keine Eltern«, unterbrach ihn die Capitana.

»Es sollte kein so kleines Kind sein«, antwortete Julia » Wir haben keine Zeit, uns um ein so kleines Kind zu kümmern. Aber vielleicht … uns würde es gefallen.« Die beiden sahen sich wieder an.

»Könntest du dir vorstellen, unsere Tochter zu werden? Julia hat dich sehr liebgewonnen. Sie findet, dass du ein außergewöhnliches Mädchen bist. Und ich möchte auch gerne der Papa einer Capitana sein.«

Cecilia schluckte. Sie fühlte sich wie gelähmt. An eine solche Möglichkeit hatte sie noch nie gedacht. Sie erinnerte sich daran, wie ihre Mutter vom Schicksal gesprochen hatte. »Du suchst es aus«, hatte sie zu ihr gesagt. In diesem Augenblick wusste Cecilia, dass sie ihre Traumeltern gefunden hatte. Mit ihnen konnte sie in einer sicheren Familie leben, einen Hund haben, zur Schule gehen und vor allem für mehr Gerechtigkeit arbeiten.

Still näherte sie sich Julia und gab ihr einen Kuss. »Ja, ich will«, flüsterte sie.

Als Walburga mit ihrer gut gebürsteten Mähne, einem sauberen Gesicht und in dem geblümten Kleid von Julia auf der Türschwelle erschien, waren alle drei überrascht. Ja, jetzt sah sie richtig wie eine liebe Großmutter aus.

»Ich bin fertig«, sagte sie. »Aber ich komme mir lächerlich vor. Ich mag lieber mein schwarzes Hexenkleid. Letzten Endes ist jeder das, was er ist.«

Andrés und der Gewittersturm

Walburga war sehr glücklich, dass nun auch die Capitana ein Zuhause hatte. Doch gleichzeitig machte ihr Herz wieder *krick krick*. Dies war schon der dritte Mensch, der sich von ihr trennte. Jetzt waren nur noch die beiden kleinsten Kinder bei ihr. Aber wie sollte sie ohne ihren Besen, ohne ihre Hexenkünste, vielleicht sogar ohne ihr Hexenkleid – an einem Ort, an dem sie sich nicht auskannte – für sie sorgen? Sie war ja nicht einmal ein wirklicher Mensch. Dies alles gab ihr ein Gefühl der Hilflosigkeit. Darum setzte sie sich schweigend zu den anderen.

Die Capitana, die das Herz der Hexe schon kannte, näherte sich ihr.

»Mach' dir keine Sorgen«, sagte die Capitana, die sich in die Hexe schon gut einfühlen konnte. »Wir bleiben in Kontakt. Meine neuen Eltern haben gesagt, dass sie, um mich adoptieren zu können, zum Waisenhaus gehen müssen, um meine Papiere zu holen. Ihnen kann die Hexenhexe nichts abschlagen. Dabei brauchen wir aber deine Hilfe.«

»Ja«, sagte David – »mach dir keine Sorgen. Du musst nur ein Papier unterschreiben, auf dem du bezeugst, dass die Kinder im Heim schlecht behandelt worden sind.«

»Aber Hexen können nicht unterschreiben«, sagte sie. Außerdem bin ich nicht die Großmutter der Kinder. Ob es Ihnen passt oder nicht, ich bin Walburga vom Blocksberg, die Märchenhexe. Ja, vielleicht könnte man noch sagen, dass ich Adoptiv-Großmutter bin. Denn die Kinder haben mich im Tal adoptiert.«

Julia und David schauten sich an.

»Was wird mit Andrés und dem kleinen Daniel geschehen?«, fragte Cecilia. »Ihr habt mir versprochen, dass sie nicht ins Waisenhaus zurück müssen.«

»Wir müssen einen Weg suchen, um ihnen zu helfen«, sagte Julia besorgt. »Weißt du etwas aus dem früheren Leben von Andrés? Wie ist er ins Heim gekommen?«

Cecilia begann, sich Stück für Stück zu erinnern. Andrés kam vor drei Jahren. Er war damals gerade vier Jahre alt. Und er wurde von Nonnen gebracht.

Er hatte seine Schuhe verkehrt herum an und weinte sehr viel. Ich erinnere mich, dass ich mich an dem Tag unter dem Schreibtisch der Hexenhexe versteckt hatte. Die Schwestern erzählten, dass sie dieses Kind im Wald gefunden hatten, dort, wo die große Überschwemmung gewesen ist.

Julia erinnerte sich daran, dass damals im Tiefland Boliviens der große Fluss über die Ufer getreten war, viele Bauernhäuser weggeschwemmt und ganze Familien mit sich davon getragen hat, von denen man später nie wieder eine Spur fand.

»Ja«, sagte David, »wir haben in den Städten gesammelt und Lebensmittel und Kleidung zu den Opfern geschickt.«

Anscheinend fanden die Helfer den kleinen Andrés unter den Überlebenden und brachten ihn in ein Kloster. »Und die Schwestern gaben ihn bei der Hexenhexe ab«, ergänzte die Capitana. »Andrés spricht nie darüber. Er sagt nur alles verkehrt herum und zieht sich die Schuhe verkehrt herum an. Scheinbar erinnert er sich nicht.«

»Lasst uns jetzt schlafen gehen! Der große Häuptling und die Bauern werden noch einen Tag länger in der Stadt bleiben, bevor sie wieder ins Tiefland zurückkehren. Wir müssen ihnen morgen mit der Essensversorgung und bei Behördengängen helfen.«

»Hoffentlich regnet es nicht, der Himmel ist voll dunkler Wolken«, sagte Julia, während sie aus dem Fenster schaute. Dann brachte sie ihre neue Tochter und die Hexe zu dem Zimmer, in dem Andrés und Danielito schon schliefen.

Kaum waren sie drinnen, begann es bald zu donnern und zu blitzen. Starke Regentropfen prasselten gegen die Fenster. Andrés begann, unruhig zu werden und im Schlaf zu weinen.

»Ich will … ich will …!«, jammerte er.

Die Capitana versicherte sich, dass die Tür geschlossen war, damit David und Julia nicht wach werden sollten. Walburga hob Andrés hoch und nahm ihn zu sich auf den Schoß.

»So ist es immer, wenn es regnet«, sagte die Capitana. »Andrés kann dann nicht schlafen, er mag das Gewitter und den Regen nicht. Er weint und wird ganz verzweifelt. Wenn es so regnete, hat die Hexenhexe uns von ihm getrennt, so dass wir ihn nicht trösten konnten. Er hat dann immer bis zum darauffolgenden Tag geweint und war danach sehr nervös und in Gedanken versunken.«

»Wach auf, Andresito, wach auf«, versuchte Walburga, ihn wachzurütteln. Schließlich öffnete der Junge die Augen und schaute mit Entsetzen auf den Regen, der gegen die Fensterscheiben prasselte.

»Hab keine Angst«, sagte Cecilia zu ihm. »Wir sind bei dir.«

Andrés klammerte sich ganz fest an die Hexe, so, als sei er in großer Gefahr.

»Um der tausend himmlischen Schlangen willen, was ist los mit dir, Andrés?«

Sie wiegte ihn in ihrem Schoß. Aber die schreckerfüllten Augen des Kindes wandten sich nicht vom Fenster ab.

Dann erhellte plötzlich ein Blitz das Innere des Zimmers, und im nächsten Moment ließ ein Donner die Fensterscheiben klirren. Es dämmerte schon zum Morgen hin. Der stürmische Wind öffnete die Fensterflügel, so dass die weißen Seidenvorhänge in der Luft flatterten.

»Ich habe keine Angst, keine Angst«, sagte Andrés zitternd und versteckte sein Gesicht im Schoß der Hexe. Und dann begann er wieder heftig zu weinen.

»Was soll ich nur tun?«, fragte sich Walburga. »Eine Hexe ohne Zauberkraft ist zu nichts nütze.« Aber dann fiel ihr plötzlich der Wassertropfen ein, den ihr der Bach des Kummers geschenkt hatte. Sie ließ den Wassertropfen auf die Lippen des Kindes fallen.

In diesem Augenblick geschah das Wunder. Andrés erinnerte sich plötzlich an alles und begann, zu sprechen. Dabei verdrehte er die Dinge nicht mehr und leugnete sie nicht.

»Meine Mama hatte zu mir gesagt, ich dürfe nicht hinausgehen, weil der Himmel bereits schwarz war und gleich ein Regenguss niedergehen würde. Sie sagte auch, dass mein Papa bald mit den Großeltern käme und wir dann zur Loma Santa (das gelobte Land der Guaraní-Indianer aus dem Tiefland) gehen würden. Ich bin aber trotzdem gegangen und in den Wald gelaufen. Da gab es einen hohlen Baum, wo ich immer mit meinen Geschwistern spielte. Das war unser geheimes Versteck. Hier versteckte ich mich, weil der Regen aufzog. Ich hatte auch

Angst, dass mein Papa böse auf mich sein würde, weil ich nicht auf Mama gehört hatte. Ich blieb in dem hohlen Baum. Dann regnete und regnete es und hörte gar nicht mehr auf.«

David und Julia waren inzwischen aufgestanden und ins Zimmer getreten, weil sie Schluchzen gehört hatten. Mit einer stummen Geste gab die Capitana ihnen zu verstehen sich still zu verhalten und Andrés nicht zu unterbrechen.

»Es blitzte und donnerte«, fuhr Andrés fort. Dabei wurde seine Stimme immer wieder vom Schluchzen unterbrochen.

»Um der tausend himmlischen Schlangen willen! Beruhige dich doch, Andresito.«, redete die Hexe ihm gut zu, während sie ihm die Tränen mit dem Ärmel ihres Kleides wegwischte.

»Es war ein sehr langer Tag, und es wollte nicht zu regnen aufhören«, fuhr Andrés fort. Dabei zitterte er am ganzen Körper. »Es regnete sehr, sehr viel. Und dann wurde es Nacht. Ich wollte den Baum nicht verlassen, weil es immer noch regnete. Also blieb ich dort. Als es Morgen wurde, hatte der Regen etwas nachgelassen. Dann wollte ich nach Hause gehen und verließ den Wald.« Ein neuer Schluchzer unterbrach seinen Bericht. Julia ging etwas Wasser holen und gab es ihm zu trinken. Dann erzählte Andrés weiter:

»Als ich zu unserem Haus gehen wollte, war es nicht mehr da! Der Fluss hatte alles mitgenommen. Auch meine Eltern und meine Geschwister und meine Großeltern waren nicht mehr da. Es war niemand mehr da. Sicher hat der Fluss sie mitgenommen, weil sie auf mich gewartet haben und deshalb dageblieben sind. Ich bin schuld! Ich bin schuld!«, sagte er immer wieder.

»Nein, Andresito«, sagte Walburga zu ihm. »Du hast keine Schuld. Ich schwöre es dir bei den tausend himmlischen Schlangen!«

Julia gab ihm etwas Tee zu trinken und beruhigte ihn. »Hast du noch Verwandte im Tiefland?«

»Ich weiß es nicht«, sagte Andrés. »Ich erinnere mich nicht.«

»Nun, vielleicht leben deine Eltern (sogar) noch. Du kannst es nicht wissen. Vielleicht hat sie der Strom nicht mitgenommen, vielleicht sind sie zur Loma Santa gegangen.«

»Ich will zu meiner Mama.«, Andrés begann wieder, zu weinen.

»Der große Häuptling aus dem Tiefland ist hier in der Stadt. Er führt den Marsch an«, sagte David. »Ich werde mit ihm sprechen. Vielleicht kennt er die Eltern oder andere Verwandten des Kleinen.«

Der große Häuptling der Tieflandindianer sagte, dass er sich an die große Überschwemmung erinnere, aber nicht wisse, ob die Eltern des Jungen überlebt hätten. Doch wäre er sehr froh, wenn er den Jungen mitnehmen könne. Nach dem Marsch würden sie ins Tiefland zurückkehren und zur Loma Santa gehen. So würde das Kind unter Menschen seines Volkes aufwachsen. Er versprach, gut auf den Jungen zu achten und ihm all den Schutz zukommen zu lassen, den ihm auch seine Eltern gewährt hätten. Er sagte auch, dass die Eltern von Andrés vielleicht bis zur Loma Santa gekommen seien und dort auf ihn warteten. Obwohl dies nicht sehr wahrscheinlich sei.

Am selben Nachmittag gingen alle zusammen zu den Campesinos aus dem Tiefland, um sich von ihnen zu verabschieden. Julia gab ihnen die Papiere, die sie brauchten, um so auf dem Land leben zu können, wie sie es wollten. (Die Indianer hatten diesen Marsch aus dem Tiefland bis nach La Paz veranstaltet, weil die Regierung und viele Großgrundbesitzer und Firmen ihre Art, mit der Natur zu leben, nicht akzeptieren und deren Land für sich nutzen wollten.)

Der große Häuptling nahm Andresito auf den Arm und flüsterte ihm ganz leise etwas ins Ohr. Das Kind legte beide Arme um seinen Hals und verabschiedete sich dann von der geliebten Märchenhexe, dem kleinen Daniel, der Capitana sowie von David und Julia. Die Gruppe der Campesinos zog dann mit Andrés weg, der sich nun seine Schuhe richtig angezogen hatte und klar und verständlich sprach. Das letzte, was man von ihm sah, war, dass er an der Hand zwischen zwei anderen Kindern ging und Luftsprünge machte. Er schien glücklich zu sein.

Dringend Hilfe gesucht!

Als die Capitana ins Haus ging, kam ihr ein kleiner weißer Hund bellend entgegen. Er wedelte mit dem Schwanz und leckte ihr das Gesicht ab. Dann machte er sich daran, Walburgas Schuhriemen aufzuziehen.

»Um der tausend himmlischen Schlangen willen, jetzt reicht es aber«, schimpfte Walburga und jagte ihn von sich weg. Die Capitana musste lachen und Danielito genauso. Allerdings interessierte er sich weniger für den Hund als für den Hut seiner Mama Walburga. Er schüttelte ihn und entnahm ihm das Plüschkaninchen, das man ihm für die Zirkusvorstellung gekauft hatte.

Walburga war an diesem Abend sehr nachdenklich. Unruhig ging auf und ab. Schließlich sprach sie mit der Capitana.

»Alle haben jetzt ihr Zuhause gefunden, nur Daniel und ich nicht, sagte sie. Giovanna ist wieder ins Waisenhaus gegangen, weil sie weiß, dass ihre Mutter sie dort abholen wird. Martin ist im Zirkus glücklich, und Andrés ist beim großen Häuptling. Auch du hast die Familie deiner Träume gefunden. Aber wir beide …«

»Mach dir keine Sorgen«, versuchte die Capitana sie zu beruhigen. »Meine Eltern finden sicher einen Weg, euch zu helfen.«

»Das können sie doch gar nicht, antwortete Walburga. Sie sind wirkliche Wesen. Darum können sie auf das Schicksal einer Hexe keinen Einfluss haben.« »Aber, bitte, bitte, trennt mich nicht von Daniel! Ich könnte nicht ohne ihn leben. Wenn ihr ein anderes Zuhause für Danielito findet, dann sterbe ich.«

»Er würde ohne dich auch sterben«, erwiderte die Capitana. »Er hat seine Eltern schon einmal verloren, das würde er kein zweites Mal überstehen.«

»Wir müssen uns etwas ganz Besonderes ausdenken«, sagte die Hexe.

»Ich weiß. Verwandle dich doch einfach in eine Großmutter!«

»Wenn ich das tue, muss ich sterben«, sagte sie und flüsterte dann ganz leise ins Ohr der Capitana:

»Ich werde dir jetzt mein wirkliches Alter verraten und dabei nicht ein Jahrhundert verschweigen, aber bitte erzähl es niemandem, nicht einmal deiner Mama! Ich bin 648 Jahre, drei Monate und 14, nein 15 Tage, alt.«

»Wenn ich mich jetzt in eine Großmutter verwandle, sterbe ich sofort. Und außerdem könnte ich das nur, wenn ich jetzt in der anderen Welt, nicht in deiner, wäre. Hier ist es auf jeden Fall nicht möglich. So bleibe ich eine Hexe, wenn auch mit neuen Zähnen und einem geblümten Kleid. Aber eine Hexe bleibt eine Hexe.«

Sie seufzte tief.

»Was auch immer geschieht, ich muss in meine Welt zurückkehren. Und ich muss dabei dieses Kind mitnehmen, das mich als Mutter adoptiert hat.«

»Das geht aber nicht«, widersprach die Capitana. »Hier bist du ein unwirkliches Wesen, aber in deiner Welt wäre Daniel ein unwirkliches Wesen. Verstehst du das?«

»Jaaaaaaaa!«. Walburga begann, hexenbitterlich zu weinen. Und Danielito ließ sich davon anstecken. Er umarmte seine Adoptivmutter und stimmte laut in ihr Weinen ein.

Mein Gott! Was kann ich nur tun? dachte die Capitana und begann, auf und ab zu gehen. »Bitte beruhigt euch doch! So geht ja gar nichts!«.

Aber die Hexe heulte immer lauter und Danielito mit ihr.

»Ruhe!«, befahl Cecilia energisch, und wie verzaubert waren beide plötzlich still.

»Da gibt es nichts zu ändern. So ist nun mal die Lage. Wir müssen nachdenken!

Cecilia behielt den Befehlston Ihrer Stimme bei und forderte das Kind und die Hexe auf, ihr zum Bücherschrank ihrer neuen Eltern zu folgen. Dort gab es Gesetzesbücher, Wörterbücher, Lexika, Nachschlagewerke, ein paar Romane und das ein oder andere Buch mit Gedichten. Das war alles!

»Da gibt es ja noch nicht einmal ein Buch mit Erzählungen für Kinder«, sagte die Capitana enttäuscht.

Doch plötzlich hatte Walburga die rettende Idee. Sie machte vor Freude einen Luftsprung.

»Um der tausend himmlischen Schlangen willen! Warum bin ich da nicht vorher darauf gekommen?«

Stürmisch umarmte und küsste sie die Capitana und ihren kleinen Daniel. Der Hund kam schwanzwedelnd und fröhlich bellend zur Tür herein.

»Ich habe eine wunderbare, großartige, hexenhafte Idee! Wir schreiben an die Autorin dieser Geschichte, dass sie das Problem lösen soll.«

»Eine gute Idee«, sagte Cecilia. »Dafür brauchen wir Papier und Bleistift.«

Sie öffnete die Schublade des großen Schreibtisches und nahm Kugelschreiber und Briefpapier heraus. Dann schrieb sie einen Brief:

Sehr geehrte Autorin dieser Erzählung,
seien Sie herzlich gegrüßt. Wir wären Ihnen sehr dank-
bar, wenn Sie uns bei der Lösung eines schwierigen
Problems helfen würden. Es geht um das Dilemma, in
dem die Märchenhexe jetzt steckt, weil sie von dem klei-
nen Daniel an Mutterstatt angenommen wurde, obwohl
sie eine Hexe ist.

Wie Sie wissen, ist Walburga eine gute Hexe. Sie hat
in unserer Welt viel gelernt, was sie nie vergessen wird,
und uns auch vieles gelehrt.

Ihr ist ein schlimmes Unglück zugestoßen, da sie mit
kaputtem Besen auf eine Strohhütte im Tiefland abge-
stürzt ist und danach ihre Zauberkräfte verloren hat.
Jetzt hat sie eine große Bitte: Können Sie sie irgendwie
in ihre eigene Welt zurückbringen? Sie möchte sich dabei
aber nicht von dem kleinen Daniel trennen, der in der
Geschichte bis jetzt schon viel Schlimmes mitgemacht hat
und der es unserer Meinung nach verdient hat, glücklich
zu sein.

Die Märchenhexe ist überzeugt, dass sie nicht mehr
ohne das Kind leben kann. Und ich, die Capitana, bin
überzeugt, dass der kleine Daniel auch nicht ohne sie
weiterleben könnte. Deswegen bitten wir Sie inständig
darum, Ihre Geschichte gut enden zu lassen, ohne dass
einer der beiden Schaden erleidet.

Und wo wir schon mal beim Schreiben sind, danken
wir Ihnen für die guten Lösungen, die Sie bisher für die
Freunde gefunden haben, und bitten Sie darum, sich da-

für einzusetzen, dass die Geschichte so gut wie möglich ausgeht, so dass auch die Leser zufrieden sind.

In Erwartung Ihrer Nachricht und mit bestem Dank im Voraus verbleiben wir

mit freundlichen Grüßen

Daniel, Hexe Walburga vom B. und Cecilia

Zum Glück hatten Cecilias Eltern ein Telefonbuch, in dem sie die Adresse der Autorin finden konnten. So steckten sie den Brief in einen Umschlag, klebten eine Briefmarke darauf und brachten ihn zur Post.

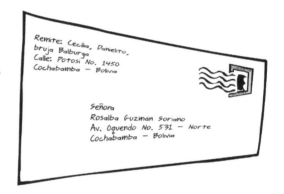

Sie erzählten David und Julia aber nichts davon. Denn auch wenn sie sehr gut waren, so gibt es in der Welt der Kinder doch Dinge, die man Erwachsenen besser nicht erzählt, weil sie sie ohnehin nicht verstehen. Walburga sagte ihnen jedoch, dass sie bald eine Lösung für ihre Unterbringung finden würde und bat sie, bis dahin noch einige Tage mit Daniel in ihrem Hause bleiben zu dürfen.

Gerechtigkeit für alle!

Giovanna nahm all ihren Mut zusammen, als sie zum Waisenhaus zurückging und auf die Klingel drückte. Diesmal hatte sie zwar keinen Erdbeerlutscher im Mund, dafür aber die Gewissheit auf das Wiedersehen mit ihrer Mutter. Dies gab ihr den nötigen Mut, ebenso wie die beiden Schätze, die Walburga ihr gegeben hatte.

Das große Tor öffnete sich, und in ihm erschien die Hexenhexe. Beim Anblick von Giovanna stellten sich ihr die Haare zu Berge und sie schlug ihr das Tor vor der Nase zu.

»Rrraaauuusss!«, schrie sie.

Giovanna nahm die weiß-glühende Tapferkeit in ihre Hand. Da musste sie plötzlich über die Hexenhexe lachen. Sie hatte tatsächlich keine Angst mehr vor ihr. Die Hexenhexe war in ihren Augen gar nicht mehr so groß wie früher. Irgendwie tat sie ihr plötzlich richtig leid. Ohne zu zaudern, drückte sie noch einmal auf die Klingel. Und weil ihr niemand aufmachte, ging sie um das Haus herum und trat durch die Küche ein.

Bei ihrem Anblick erschrak die Köchin Delfina sehr. Aber Giovanna war ganz anders als früher. So als sei sie eine andere Person. Sie lächelte Delfina zu und breitete die Arme aus.

»Du bist zurück, Giovanna?«, stammelte Delfina, während sie sich umarmen ließ. »Und die anderen? Und mein Andresito?«

»Ich will dir alles erzählen , wie es uns ergangen ist«, antwortete das Mädchen. »Aber zuerst muss ich mit der Hexenhexe sprechen.«

Sie betrat den Aufenthaltsraum und sah dort die Hexenhexe im Halbschatten stehen. Die Stirn hatte sie in
Falten gelegt. Die Hexenhexe mochte es, wenn man sie
mit ihrem ganzen Namen ansprach: *Debora Dora Fedora
Juana de la Cruz.*

»Guten Tag, Frau Devoradora Fedora Juana de la
Cruz«, sagte Giovanna, so als wäre ihr niemals die Tür
vor der Nase zugeschlagen worden.

»Dumme Gans! Tausend Mal habe ich dir schon gesagt, dass ich Debora – Dora heiße, Débora …. Dooora,
das sind zwei Namen und zwei Wörter. Aber ich brauche
mir eigentlich keine Gedanken mehr darüber zu machen.
Denn dieses Waisenhaus wird dich nicht mehr aufnehmen«, antwortete die Hexenhexe.

»Dieses Waisenhaus muss mich sehr wohl aufnehmen,
Frau Devoradora Fedora Juana de la Cruz. Wenn Sie
mich aber hinauswerfen, Frau Devoradora Fedora Juana
de la Cruz, werde ich mich beim Amt für Minderjährige,
bei der Frauenrechtsorganisation, bei der Kinderrechtsor-
ganisation und vielleicht noch dem Frauenschutzbüro
beschweren. Vielleicht suchen dann diese Leute einen
besseren Platz für Sie.«

»Für mich?« Die Hexenhexe wurde noch wütender.

»Genau, für Sie.«, antwortete das Mädchen lächelnd.
»Wissen Sie das etwa nicht: Niemand kann anderes zer-
stören, ohne sich selbst zu zerstören. Frau Devoradora
Fedora Juana de la Cruz del Valle?«

»Ich werde dich in ein Erziehungsheim schicken, sobald du 15 Jahre alt bist, du freche Rotznase! Und jetzt
ab mit dir in die Küche zum Helfen, du blöde Gans«,
befahl die Hexenhexe. Inzwischen war die nah an einem
Nervenzusammenbruch. Die Worte Giovannas hatte sie

wie einen Fluch empfunden. Außerdem passte es ihr überhaupt nicht, dass sie nicht mehr die Macht hatte, der widerspenstigen kleinen Dicken das Leben zu vergiften und dass diese sich jetzt mit einem breiten Lächeln über sie lustig machte. Giovanna wusste, dass man nicht einfach ein Kind aus dem Waisenhaus werfen konnte. Das hatte die Capitana ihr gesagt. Darum ging sie in die Küche, um Delfina all das zu erzählen, was sie erlebt hatten.

Als die anderen Kinder sie sahen, umringten sie sie. Alle bemerkten die große Veränderung, die mit ihr vorgegangen war. Giovanna war im Gegensatz zu früher jetzt zärtlich, geduldig, liebevoll und fröhlich.

Von diesem Tag an erzählte sie den Kleinen Geschichten, damit sie ihre Suppe aßen. Und sie erfand Spiele, bei denen alle mitmachen konnten.

Die Hexenhexe setzte alles daran, ihr das Leben schwer zu machen. Sie strafte sie ständig ohne Grund, sperrte sie in den Kerker ein und schickte sie ohne Abendessen ins Bett. Aber Giovanna hatte keine Angst mehr und erwartete voller Hoffnung die Ankunft ihrer Mutter.

Auf jeden Befehl oder Angriff der Hexenhexe antwortete sie mit einer kleinen Verbeugung mit einem beleidigenden ironischen Unterton:

»Wie Sie wünschen, Frau Devoradora Fedora Juana de la Cruz!«

Das ärgerte die Hexenhexe so sehr, dass ihr bald ganze Haarbüschel ausfielen. Dabei hatte sie bereits viele Haare verloren weil sie viele Jahre lang eine Nonnenhaube getragen hatte.

Eines Tages kam eine zierliche Frau mit müdem Gesicht und traurigem Blick ins Waisenhaus. Sie bat darum, mit der Verwalterin sprechen zu dürfen.

Die Hexenhexe stieg majestätisch die Stufen hinab, schaute dabei die Frau von oben herab an und fragte sie in verächtlichem Ton, was sie denn wolle.

»Entschuldigen Sie«, stammelte die Frau. »Wissen Sie, ... vor vielen Jahren ... mein Mann ...«

Die Hexenhexe ließ sie nicht zu Wort kommen:

»Vor wie vielen Jahren haben Sie ihr Kind verlassen?«

Die Frau schwieg einen Augenblick betroffen, dann fasste sie wieder Mut und antwortete langsam: »Vor sieben Jahren! Ja, vor sieben Jahren.«

»Aha! Sieben Jahre, und jetzt kommst du einfach so daher, als ob nichts wäre. Man kann ein Kind doch nicht verlassen, wie man einen Hund verlässt. Du hast dein Kind verlassen und hast es dadurch verloren. Du kannst wieder gehen!.« Und ohne sie anzusehen, kehrte sie ihr den Rücken zu.

»Bitte«, flehte die Frau. »Ich habe mein ganzes Leben darunter gelitten, Frau ...«

»Débora Dora Fedora Juana de la Cruz del Valle. Das ist mein Name«, wies die Hexenhexe sie wütend zurecht.

»Entschuldigen Sie, Frau Débora Dora Fedora«, sprach die Frau wieder. »Ich habe die ganzen Jahre viel gearbeitet, um meiner Tochter etwas bieten zu können. Ja, es ist ein Mädchen. Jetzt lebe ich allein, habe einen Laden in meinem Viertel und kann für sie aufkommen. Bitte, lassen Sie mich mit ihr sprechen! Es ist meine kleine Giovanna.«

Die Hexenhexe lächelte. Jetzt war der Moment ihrer Rache gekommen.

»Das Mädchen ist vor einigen Monaten aus dem Waisenhaus geflohen. Sie lebt nicht mehr hier. Vielleicht ist sie schon tot. Niemand weiß etwas von diesem unausstehlichen Luder.«

Die Frau wurde sehr traurig, senkte den Kopf, und ohne ein weiteres Wort schickte sie sich an, zur Tür hinauszugehen.

Da öffnete sich auf einmal die Tür: Und vor ihr standen David und Julia mit einer Inspektorin vom Jugendgericht.

Die Inspektorin des Jugendgerichtes war ziemlich groß und stämmig und hatte einen strengen Blick. Das Haar hatte sie nach hinten zu einem großen Knoten gebunden. Sie trug den Kopf hoch und hatte ständig die Hände zu Fäusten geballt, so als ob sie dem Nächstbesten, der ihr in die Quere kommen würde, einen Faustschlag versetzen wollte. Jetzt schien es so, als ob sie die Hexenhexe wie einen Tritt in den Magen empfand.

»Guten Tag!«

»Gu ...guten Tag«, stammelte die Hexenhexe.

Die Frau, die gerade hatte gehen wollen, blieb nun stehen.

»Wer ist diese Frau?«, fragte die Inspektorin mit Blick auf Giovannas Mutter, deren Gesicht in Tränen gebadet war.

»Sie wollte schon gehen«, antwortete heuchlerisch die Hexenhexe und sagte zu den Neuangekommenen: »Kommen Sie doch herein.«

»Nein«, sagte die Inspektorin. »Sie wird nicht gehen. Ich möchte wissen, warum sie gekommen ist.«

Da erklärte die Frau ihr Anliegen.

»Nun, … in Wirklichkeit … « Die Hexenhexe wusste nicht, wie sie sich erklären sollte.

»Das heißt also, dass vor einigen Monaten Kinder aus dem Waisenhaus geflohen sind und Sie das nicht gemeldet haben!«, stellte die Inspektorin in scharfem Ton fest. Sie begann wie ein Feldwebel vor einem gehorsamen Soldaten auf und ab zu marschieren.

»Nein, so habe ich das nicht gemeint. Eigentlich ist Giovannita schon wieder hier. Sie war weg, ist aber wieder zurückgekommen.

»Und warum rufen Sie sie dann nicht?«, fragte David entrüstet.

»Ich rufe sie jetzt gleich.«

Dann wandte sich David an Giovannas Mutter und sagte zu ihr: »Wir sind Anwälte und verteidigen die Rechte der Kinder. Sie werden Ihre Tochter wiederbekommen.«

Die Hexenhexe rief Giovanna. Das Mädchen erschien in der Tür. Sie erkannte ihre Mutter sofort. In ihren Augen leuchtete noch der Glanz, den von früher kannte. Ihre Hände waren zerfurcht und zeugten von harter Arbeit.

Ana musste nichts erklären. Ihre Tochter flog auf sie zu und umarmte sie liebevoll.

»Ich kümmere mich um ihre Papiere, damit Sie jetzt gleich gehen können«, sagte David.

»Und jetzt zu Ihnen«, wandte er sich nun an die Hexenhexe. Wenn Sie jetzt sowieso die Papiere dieses Mädchens suchen, suchen Sie auch gleich die von Cecilia. Wir werden die Capitana nämlich adoptieren.«

Die Hexenhexe war wie versteinert. Erst wurde sie blass wie der Tod, dann rot, dann gelb und schließlich grün, so wie die bolivianische Nationalflagge.

»Haben Sie gehört, Frau Devoradora Fedora, Juana de la Cruz del Valle?«, sagte Giovanna, wieder mit diesem spöttischen Unterton, der die Verwalterin des Waisenhauses so sehr ärgerte.

»So, und jetzt will ich mit den Kindern sprechen«, sagte die Inspektorin des Jugendgerichtes. »Anscheinend ist es nötig, einige Personaländerungen vorzunehmen.«

»Hier habe ich etwas für Sie, Frau Devoradora Fedora Juana de la Cruz«, sagte Giovanna und legte der Hexenhexe das goldene Andenken in die Hand, das ihr Walburga geschenkt hatte. Die Augen der Hexenhexe wurden rot. Sie hatte das Gefühl, als verbrenne der Schatz ihre Hände und als wäre er viel zu schwer für sie. Darum ließ sie ihn, ohne es zu wollen, zu Boden fallen.

»Wahrscheinlich wird der armen Frau von ihrem langen Namen am Ende nur das Kreuz (de la Cruz) bleiben«, sagte die Inspektorin, während sie die Stufen hinauf zu den anderen Kindern ging.

Die Antwort

An einem frühen Donnerstagmorgen kam der Antwortbrief der Schriftstellerin. Er steckte in einem mit bunten Sternchen verzierten rosa Umschlag. Er war adressiert an:

An
Walburga, die Capitana und Danielito

Im Hause

Liebe Kinder und liebe Hexe Walburga:

Es war für mich eine große Überraschung, Euren Brief zu erhalten. Tatsächlich haben Eure Freunde ihr Zuhause gefunden und sich alle selbst dafür entschieden. Ich habe eigentlich nur das aufgeschrieben, was mir jeder von ihnen diktiert hat.

Was nun Eure Anfrage angeht, so helfe ich Euch gerne, aus diesem schwierigen Dilemma herauszukommen. Schaut euch jetzt Danielito einmal ganz genau an und seht, was er alles kann. Wenn ihr das macht, gibt es keinen Grund mehr, warum Walburga und Danielito nicht für immer zusammen bleiben sollten.

Ich muss Euch allerdings sagen, dass es nicht zu meinen Aufgaben gehört, Walburga in ihre Welt zurückzuschicken. Ich wüsste nicht, wie ich das machen sollte. Wendet Euch deswegen lieber an die Zigeunerin und Andrés, die jetzt im Lichterzirkus zusammenarbeiten.

Cecilia, bitte Du doch Deine neuen Eltern darum, dass sie Euch in einer Vollmondnacht zum nächsten Dorf

bringen. Da wird der Zirkus noch ein paar Wochen blei-
ben. Such dann Deine Zigeunermutter auf und gib ihr
diesen Brief. Sie weiß dann, was zu tun ist.

Ich liebe Euch alle sehr und vergesst nicht, dass Ihr in
meiner Fantasie immer weiterleben werdet.
Herzlichst
....

P.S. Wenn Ihr mir schreiben wollt: Meine E-Mail-
Adresse lautet: rosalbags@yahoo.com.

Kaum waren David und Julia von der Arbeit nach Hause
gekommen, warf die Capitana ihnen die Arme um den
Hals und bat sie, sie zusammen mit der Hexe und dem
kleinen Daniel zum Nachbardorf zu bringen.

Cecilias Eltern versprachen ihr, sie am Wochenende
hinzufahren. Im Augenblick seien sie wegen der Adoption sehr mit Behördengängen beschäftigt. Die Capitana
flehte und bettelte jedoch so eindringlich, dass sie
schließlich nachgaben.

»Es muss in einer Vollmondnacht sein«, sagte sie zu
ihnen.

»Es ist gut, Liebes«, antworteten sie ihr. »Wenn es dir
so wichtig ist gehen wir in der nächsten Vollmondnacht
zur anstehenden Zirkusvorstellung.«

In der Zwischenzeit beobachteten Walburga und Cecilia den kleinen Daniel. Was für eine Überraschung hatte die Schriftstellerin wohl für sie vorbereitet?

»Hut, Mama, Hut«, sagte der kleine Junge und bat die
Hexe, ihm ihren Hut zu geben. Sie gab ihm ihn wie im-
mer und auch das Plüschkaninchen dazu, damit er seine
Zaubernummer ausführen konnte.

Da versteckte der Junge das Kaninchen unter dem Hut und sagte: »Kaninchen, kleiner Hoppelmann, komm heraus!«

Und zur Überraschung aller sprang ein weißes erschrockenes Kaninchen aus dem Hut. Dann nahm Daniel ein Taschentuch, das auf dem Tisch lag und sprach feierlich: »Flieg jetzt!«

Da verwandelte sich das Kaninchen in eine weiße Taube und flog zum weit geöffneten Fenster hinaus.

Dann bat er Walburga um eine Schnur, am besten die Kordel von Walburgas Schuh. Die Hexe zog eine der Schnüre heraus und gab sie ihm.

Daniel klopfte mit der Schnur auf das Bett. Da verwandelte sie sich in einen Zauberstab. Diesen schüttelte er ein wenig hin und her, und er wurde zu einem Strauß von Margeriten. Das waren die Lieblingsblumen seiner Mama Walburga.

»Hurra!« Er hatte sich in einen Zauberer verwandelt. In einen richtigen Magier, wie er in den Märchen vorkommt, nicht in einen, der nur Zaubertricks ausführt. Daniel konnte wirklich zaubern. Er war also kein normales Kind, er war ein Zauberer. Und die Zauberer gehören ebenso wie die Hexen dem Reich der Fantasie an. Es sind Fantasiewesen. Die Schriftstellerin hatte ihr Versprechen gehalten. Sie wäre sicher sehr froh gewesen, wenn sie hätte erleben können, wie glücklich sie die beiden gemacht hatte.

Dann warteten die Kinder und die Hexe auf den bestimmten Tag und die festgesetzte Stunde. Als sie endlich das riesige leuchtende Gesicht des Mondes in all seinem Glanz sahen, machten sie sich auf zum Zirkus. Walburga zog ihr frisch gebügeltes schwarzes Hexenkleid an. Sie sah sehr schön aus, denn sie hatte gelernt, ihr Haar zu bürsten, das jetzt wie ein silberner Wasserfall über ihre Schultern fiel.

Da dies ein besonderer Tag sein sollte, putzte und polierte sie auch ihre Schuhe, obwohl an dem einen der Riemen fehlte. Sie band ihr Haar zu einem Pferdeschwanz, setzte sich den frisch gestärkten Hut auf und zog Daniel an, dem die Capitana einen Zauberumhang und einen Zauberhut gekauft hatte. Dann gingen alle zusammen zum Zirkus.

Walburga war traurig, weil sie jetzt keinen einzigen Schatz mehr hatte. Aber die Capitana tröstete sie und verriet ihr eine große Weisheit: »Walburga, du brauchst keinen Schatz mehr. Alle Schätze sind jetzt in deinem Herzen.«

Im Glanz des Vollmondes war die Nacht schöner denn je. Walburga erinnerte sich an die Nacht ihres Unfalls. Damals sahen der Himmel und der Mond genauso aus.

Nacheinander erschienen die Clowns, die stolzierenden Pferde, die bärtige, feuerspuckende Frau, der Tigerdompteur mit dem bengalischen Tiger, die Eisbären und endlich auch der Seiltänzer. Mit einem blauen Anzug und einem goldenen Umhang bekleidet und wunderschön anzusehen, verbeugte sich Martin vor dem Publikum. Dabei erkannte er seine Freunde. Er näherte sich der Loge und machte eine tiefe Verbeugung, so wie die großen Zirkusstars. Dann stieg er hoch und immer höher, während seine Freunde ihm mit bangem Herzen zusahen, und vollführte mit großer Sicherheit und Geschicklichkeit die schönsten Luftsprünge. Walburgas Knie klapperten wieder wie Kastagnetten und das *Krick krick* ihres Herzens wurde so laut, dass es ihre Nachbarn störte.

Die Leute applaudierten, bis ihnen die Hände wehtaten. Dann erschienen die schönen rätselhaften Zigeunerinnen und vollführten einen Tanz, bei dem sie ihre Schleier flattern ließen und dem Wind ihre gekrausten Haare überließen. Am Schluss ihrer Darbietung gingen sie zum Publikum, um den Leuten aus den Händen zu lesen.

Eine Zigeunerin näherte sich Cecilia und der Märchenhexe. Julia war ängstlich und wollte ihre neugewonnene Tochter schützen. Aber diese beruhigte sie:

»Du brauchst keine Sorge zu haben«, Mama, »wir kennen uns schon.«

»Sind sie es?«, fragte die Zigeunerin.

»Ja«, antwortete Cecilia lächelnd, »sie sind es.«

»Gut«, sagte die Zigeunerin. »Was kann ich für Euch tun?«

»Lies diesen Brief«, sagte Walburga zu ihr und übergab ihr den Umschlag. Da lächelte die Zigeunerin und winkte mit dem Kopf. Natürlich wusste sie schon, was sie zu tun hatte.

»Folgt mir«, sagte sie zu Walburga und Daniel, nahm die Hexe und das Kind jeweils an eine Hand und entfernte sich mit ihnen.

»Wohin gehen sie?«, fragte Daniel.

»Ich weiß es nicht«, antwortete Cecilia, nun doch ein wenig besorgt.

»Und jeeetzt, meine Damen und Herren, die Überraschungsnummer des Abends«, rief der Zirkusdirektor.

Die Trommeln verdoppelten ihre Lautstärke. Zwei sehr elegant gekleidete Männer brachten eine vergoldete Kanone auf die Bühne und entzündeten den Docht. Die Trommeln wurden schneller.

»Eins …. Zwei ….und Drei!!!«

In diesem Augenblicke sahen alle, wie eine Hexe und ein kleiner Zauberer an ihrer Hand unter großem Donner in die Lüfte gefeuert wurden.

Genau in diesem Augenblick durchquerte das einzigartige Paar das große Gesicht des Mondes. Zuletzt konnte man noch sehen, wie der Hexe ein Schuh herunterfiel, der ja keine Kordel hatte, und man hörte eine sich im Unendlichen verlierende Stimme:

Um der tausend himmlischen Schlangen willen.

Die Capitana wischte sich eine Träne ab. Endlich waren die beiden für immer zusammen in der Fantasiewelt, zu der die Zauberer und die Hexen gehören.

Zum Schluss

Niemand hat je wieder etwas von der Hexe und dem kleinen Zauberer gehört. Vielleicht kannst du uns verraten, was die beiden jetzt tun und eine neue Geschichte für sie erfinden.

Die Hexenhexe musste das Waisenhaus verlassen, und von ihrem weiteren Leben hat man auch nichts mehr gehört. Anscheinend wollte sie ins Kloster zurückkehren. Aber dort wollte man auch nichts mehr von ihr wissen, denn sie war als Nonne sehr klatschsüchtig, heuchlerisch und streitsüchtig gewesen.

Die Capitana hielt den Kontakt zu ihrer Freundin Giovanna immer aufrecht. Sie gingen wieder zusammen zur Schule, machten dann das Abitur und studierten an der Universität.

Giovanna wurde Grundschullehrerin und Cecilia natürlich Rechtsanwältin. Beide entschieden sich dafür, im Waisenhaus zu arbeiten. Das Waisenhaus nannte sich von da an *Der Garten*. Damit dieser Name einen Sinn ergab, verschönten sie den Hinterhof mit einem Rasen und vielen Blumen. Sie rissen die Mauern ab und stellten neben der sympathischen Delfina freundliche junge Menschen zur Verwaltung des Waisenhauses ein.

Andrés zog gemeinsam mit dem Großen Häuptling und den Bauern aus dem Tiefland zum Heiligen Berg. Sie marschierten Tag und Nacht, bis sie allmählich immer höher und dem Berg immer näher kamen. Schließlich kamen sie zu einem Fluss, dessen Wasser wie die Sonne glänzte. Als sie näher kamen, bemerkten sie, dass am Ufer Goldstaub lag. Der große Häuptling befahl, dass sich alle die Augen bedecken sollten. Da kam eine starke Windböe und trug den Goldstaub mit sich davon.

»Wir sind auf dem richtigen Weg. Wir müssen hier weitergehen«, sagte er, das war ein Zeichen.

Sie mussten noch lange Zeit weiter marschieren und wurden von Müdigkeit und Erschöpfung geplagt. Aber sie wussten, dass sie bald am Ziel sein würden.

»Nicht einschlafen«, befahl der Große Häuptling. »Haltet den Blick auf den Horizont gerichtet.«

Ein wenig später, nachdem die Menschen alles befolgt hatten, was er zu ihnen gesagt hatte, ertönte ein starker Donner. Vor ihren Augen tauchten zwei Felsen auf, die in schnell wechselndem Rhythmus aneinander stießen, sich vereinten und dann wieder trennten.

»Dazwischen müssen wir durch«, sagte der Häuptling. »Auf der anderen Seite liegt der Heilige Berg.«

Da die Gruppe sehr groß und auseinandergezogen war, ordnete der Häuptling an: »Rückt alle so nah zusammen, dass kein Raum mehr zwischen euch bleibt.«

Das taten sie und gingen so zu den Felsen. Kaum waren sie wie zu einem Körper zusammengerückt, blieben die Felsen geöffnet und ließen sie durch. Als sie auf der anderen Seite waren, schlossen sich die Felsen mit großem Getöse, und die Menschen konnten nicht mehr zurückblicken. Sie waren in einem schönen Tal angekommen, in dem es Kühe, Stiere, Ziegen, Schafe und riesige Hühner gab. Dann hörten sie plötzlich Kinderlachen und die Stimmen von Erwachsenen. Es waren die Menschen, die sie für vermisst gehalten hatten. In Wirklichkeit waren sie hier und wohnten am Heiligen Berg. Sie grüßten einander und erkannten sich gegenseitig. Es war für Andres sehr bewegend, als er seine Eltern, Großeltern

und Geschwister fand. Kaum hatten sie ihn erblickt, kamen sie schon auf ihn zugelaufen, um ihn zu umarmen.

Er wird nie mehr Schmerzen haben oder Kummer empfinden. Niemand wird ihn je wieder von seiner Familie trennen, denn der Heilige Berg ist das den Tieflandindianern versprochene gelobte Land, in dem es keine Schmerzen mehr gibt.

Martin zog mit dem großen Lichtzirkus weiter von Stadt zu Stadt, von Dorf zu Dorf, von Land zu Land, durch die ganze Welt. Heute ist er der größte Star unter den Seiltänzern und Trapezkünstlern.

Alle folgten dem Weg, für den sie sich auf die eine andere Weise entschieden hatten. Aber eines wissen wir noch immer nicht: Wo der Schuh der Märchenhexe hingefallen ist. Er sah etwa so aus:

Mein Heimatland Bolivien

von Rosalba Guzmán Soriano

Findest du nicht auch, dass Lateinamerika wie ein Herz geformt ist? In der Mitte dieses Herzens liegt mein Land, Bolivien. In meinem Land gibt es ganz verschiedene Landschaften. Es gibt das Hochland auf 4.000 m Höhe über dem Meer. Da fühlt man sich dem Himmel und den Sternen sehr nah. Die Sterne scheinen hier besonders groß zu sein und sehr hell zu leuchten. Es ist das ganze Jahr über sehr kalt. Manche der Gipfel wie der Illimani und der Illampu sind schneebedeckt. Vor 50 Jahren gab es noch viel mehr Schnee, aber da sich in der ganzen Welt das Klima geändert hat, liegt jetzt auch hier weniger Schnee.

Es gibt in diesem Hochland eine hochgelegene, flache und riesige Steppe, die man *Altiplano* nennt. Im Altiplano leben weit verstreut in kleinen Häusergruppen Angehörige des einheimischen Volkes der Aymara in großer Armut. Sie züchten Lamas, Alpakas und Vicuñas. Die Vicuñas sind vom Aussterben bedroht. Der majestätische Vogel Kondor ist hier zu Hause. Das Volk der Aymara schreibt ihm göttliche Fähigkeiten zu.

Einer der ältesten Mythen dieser Bewohner des Altiplano ist der vom *Huasa Mallku*. Der Huasa Mallku ist, wie du schon weißt, ein Kondor, der sich in einen riesigen Aymara verwandelte und immer eine graue Füchsin bei sich hatte. Der Huasa Mallku ist der Geist, der dafür sorgt, dass das Gleichgewicht der Natur auf dem Altiplano erhalten bleibt. Er sorgt für die dort lebenden Wesen einschließlich der Menschen und bestraft diejenigen, die die Tiere schlachten, nur weil sie auf rücksichtslose Weise deren Wolle und Fleisch vermarkten wollen.

Innerhalb der sozialen Organisation der einheimischen Völker des Altiplano gibt es die *Yatiris.* Sie sind die Magier der Anden, die das Schicksal der Menschen aus den in den Wind geworfenen Kokablättern lesen. Sie stellen auch aus Kräutern Salben her, um Krankheiten zu heilen und böse Geister zu beschwichtigen. In Wirklichkeit sind sie Heilkundige.

Auf dem Altiplano liegt der Titicacasee. Er ist mit 3.900 m über dem Meeresspiegel der höchstgelegene See der Welt. Seine Wasser sind am Morgen dunkelblau, am Nachmittag wird er heller, und nachts glänzt er wie Silber. Inmitten des Titicacasees liegt die Sonneninsel. Hier lebten einst die Prinzessinnen des Inkareiches, als die Spanier Bolivien noch nicht erobert hatten. Diese Prinzessinnen nannte man *Ñustas.* Die Ñusta waren die Sonnenjungfrauen, es waren die schönsten jungen Mädchen und Frauen. Ihre Aufgabe war es, Inti, den *Sonnengott,* anzubeten. Nach der Legende traf damals ein mutiger Inka-Krieger, der in die schönste Ñusta verliebt war, mit dem Wildesten der Spanier zusammen, der das Heer anführte, das die Sonneninsel eroberte. Die Männer verfolgten die Ñustas und zerstörten ihre Tempel. Und dieser wilde Spanier hatte es auf die Geliebte des mutigen Inka abgesehen. In ihrer Verzweiflung entschloss sich die Ñusta, in den See zu springen, um nicht in die Hände des spanischen Eroberers zu gelangen. Aber dann fand sie am Ufer eine *Balsa,* ein Boot aus Schilfrohr, wie es hier an diesem Ort wächst. Sofort kletterte sie in das Boot, die Strömung nahm es mit zur Mitte des Sees, und als der wilde Spanier und die anderen Verfolger versuchten, sie zu erreichen, stürzten sie in den See, starke Wellen kamen auf und ihre Schiffe versanken. Seitdem hat niemand mehr etwas von der Ñusta gehört. Aber noch heute erzählen sich die Einheimischen, dass man manchmal morgens durch den Nebel das Schilfboot auftauchen und wieder verschwinden sieht, in dem möglicherweise die Ñusta noch wie seit Jahrhunderten in dem Bett schläft, das der See ihr bereitet hat, um sie zu retten. Währenddessen ist der Prinz vom Rufen nach seiner Ñusta müde und melancholisch geworden, und seine Traurigkeit ist in den Klang einer *Queña* übergegangen. Seine Seele wurde in der klagenden Stimme der Queña, eines typischen einheimischen Instruments festgehalten. Die Queña ist wie die Flöte aus hohlem Holz und klingt etwas traurig.

Mitten in Bolivien liegt die Landschaft der *Valles* (Täler). Zu diesem Teil Boliviens gehört Cochabamba, der Ort, an dem ich wohne. Er liegt viel niedriger als der Altiplano, auf ungefähr 2.500 m über dem Meeresspiegel. In Cochabamba ist die Temperatur angenehm. Die Erde ist hier sehr fruchtbar. Es gibt viele Blumen, Flüsse, Bäche und zahlreiche Eukalyptusbäume. Die sind sehr hoch und haben längliche ovale Blätter, die einen sehr starken und angenehmen Duft verbreiten. Die Luft enthält hier viel mehr Sauerstoff als auf dem Altiplano, und die Leute sind fröhlicher und geselliger.

Das für das Tal typische Getränk ist die *Chicha,* es gibt sehr viele *Chicherías,* das heißt, Häuser, in denen dieses Getränk aus fermentiertem Mais, das in riesigen Keramikkrügen aufbewahrt wird, ausgeschenkt wird. Von der Chicha wird man leicht betrunken. An der Tür der Chicherías steckt immer eine weiße Fahne, wenn es frische, duftende und schäumende Chicha, bereit zum Ausschenken, gibt.

Die *kleine Witwe* gehört zu den Legenden des Valle, aber auch der Tiefebene und des Altiplano. Sie kommt sogar in den Märchen aus Ecuador und anderen Orten Lateinamerikas vor. Grundlage all dieser Legenden über die kleine Witwe ist, dass man von ihr erzählt, dass sie betrunkenen Männern erscheint, wenn sie die Chichería allein verlassen. Sie verführt sie mit ihren Reizen, denn sie ist sehr schön und geheimnisvoll, sie ist immer schwarz gekleidet und hat langes dunkles Haar. Sie lädt die betrunkenen Männer ein, mit ihr zu einem großen luxuriösen Haus oder Palast zu gehen. Diese erinnern sich danach an nichts, nur dass sie sich am darauffolgenden Tag im Gestrüpp auf Disteln oder Stacheln oder inmitten einer Mistgrube wiederfinden und noch ganz unter dem Schrecken des in der Nacht Erlebten stehen. Die kleine Witwe scheint den Tod selbst zu verkörpern, der den Betrunkenen damit droht, sie für immer in sein dunkles Verlies mitzunehmen. Aber niemand von denen, denen sie begegnet ist, weiß nachher genau, was passiert ist.

Die *Yatiris* üben das Ritual mit der weißen und der schwarzen Schnur aus, um eine Änderung des Schicksals herbeizuführen. In dieser Geschichte führt die kleine Witwe das Ritual aus. Die Kreuze werden aus Ginsterzweigen gemacht, die am Wegrand wachsen und denen die Kraft zugeschrieben wird, das Heim, die Geschäfte und das Leben der Menschen vor den bösen Geistern und vor schlechten Zeiten zu schützen.

In vielen Bauernhäusern des Valle wird morgens frisches Brot in Lehmbacköfen gebacken. Es heißt, dass in den Lehmbacköfen der Ofenkobold zu Hause sei, ein kleines Männchen mit spitzen roten Ohren, das sich manchmal, wenn es will, sehen lässt. Es ist sehr geheimnisvoll, aber die Großmütter erzählen oft Geschichten von diesem Kobold. Manchmal verhält er sich anständig, andere Male schlecht, lässt zum Beispiel das Brot verbrennen oder gibt ihm einen besonders guten Geschmack, das hängt von seiner Laune ab.

Das Tal der Flüchtlinge – wie ich es nenne – ist sehr schön. Diesen Namen habe ich mir ausgedacht, weil die Kinder, die das Heim verlassen hatten, zu Flüchtlingen geworden sind. Im Tal wachsen viele Eukalyptuswälder. Nachts werden sie zu einsamen Orten, da sie so dicht sind, dass die Strahlen des Mondes sie kaum durchdringen. Die Urgroßmütter erzählen, dass in diesen Wäldern der *K'arisiri* auftaucht. Der K'arisiri ist eine Art Mensch. Manche sagen, er sei behaart und habe spitze hervorstehende Zähne. Andere wiederum sagen, er sei sehr dünn und habe leere Augen und so rote Lippen, dass sie blutig scheinen. Oder sie meinen, dass er eine Art Mensch oder Seele ist, die ein scharfes Messer mit sich führt, mit dem er oder sie das Fett aus dem Körper der Menschen und der Cholitas (einheimische Frauen im Valle) herausschneidet, so dass sie ganz schwach und dünn werden und ihre Lebendigkeit verlieren und sogar sterben. Der K'arisiri nimmt sich dann die Überreste seiner Opfer mit, man weiß nicht wohin.

Und jetzt erzähle ich dir vom bolivianischen Tiefland. Es ist ein an Wäldern und Baumarten sehr reiches Land.

Dort ist es sehr heiß. Die Flüsse führen viel Wasser. Dort gibt es Kaimane, Iguanas, Vögel mit leuchtenden Farben, Schlangen, Eidechsen, Tukane, Mücken, Spinnen, unendlich viele Lebewesen, die hier zu Hause sind. Die Einheimischen nutzen die Flüsse als Verkehrswege. Es sind Nomadenvölker, die immer weiterziehen. Sie glauben, dass sie ein Teil der Schöpfung und der Natur sind. Diese Völker waren immer auf der Suche nach dem *gelobten Land*, einer Art Paradies, wo sie in Frieden leben könnten ohne von Menschen, die das Gleichgewicht des Urwaldes stören, angegriffen und ausgebeutet zu werden. Die Erde ist fruchtbar und dennoch sehr verletzlich. Sie besteht aus Humus, das heißt Erde, die durch die Zersetzung trockener Blätter entsteht. Die Menschen verlassen diese Erde, damit die vom Wind herbeigetragenen oder von den Bäumen gefallenen Samen aufgehen und wachsen können. Es ist eine magische, geheimnisvolle und von den Städtern unberührte Welt.

Eines der wichtigsten Gebiete im Tiefland ist das Territorio Indígena y Parque Nacional Isiboro, Sécure (TIPNIS). Im Jahre 1990 haben die Urbewohner dieser Gegend einen friedlichen Marsch von hier bis in das Hochland des Altiplano unternommen, wo in der Stadt La Paz die Regierung ihren Sitz hat. Damit wollten sie erreichen, dass das von ihnen bewohnte Land von der Regierung als schützenswertes Gebiet anerkannt wird. Sie wollten, dass ihnen dieses Gebiet überlassen wird, um dort in Gemeinschaft leben zu können und so für das Gebiet, dieses *gelobte Land*, Sorge tragen zu können, ohne Hass oder persönlichen Neid auf andere, ohne das Holz und andere dort wachsende Produkte rücksichtslos auszubeuten.

Nach vielen Jahren des Kampfes erhielten die Urbewohner endlich das Eigentumsrecht am TIPNIS, einem Gebiet, das sie auch *das große Haus* nennen. Hier bauen sie ihre Produkte an. Hier jagen und fischen sie und ziehen von einem Ort zum anderen, um an diesem Ort nicht das ökologische Gleichgewicht der Erde zu stören.

Doch im Jahre 2011 sahen sich die Urbewohner wieder gezwungen, mit ihren Kindern und Frauen einen friedlichen Marsch nach La Paz zu unternehmen, damit die Regierung ein Gesetz erlässt und nicht zulässt, dass Kokaanbauer (die die Koka größtenteils zu Kokain verarbeiten, einer stimulierenden Droge, die sehr teuer verkauft wird) in den TIPNIS eindringen und dadurch das so sorgfältig behütete Gleichgewicht der Natur zerstören. Sie beschwerten sich auch über die Ausbeutung durch große Holzfirmen, deren Ziel es ist, aus dem Holzabbau möglichst viel Geld zu schlagen. Gemeinsam mit ihnen will die Regierung eine breite Straße bauen, die Fortschritt bringen soll. Dieses Projekt ist Teil einer Straße, die quer durch Lateinamerika von Ozean zu Ozean führen soll. Wenn sie, wie geplant, den TIPNIS durchquert, werden das Gleichgewicht der Natur und das Überleben der einheimischen Völker, die ein Teil dieses *großen Hauses* des *gelobten Landes* sind, gefährdet. Obwohl auch die bolivianische Regierung aus Einheimischen besteht, sahen sich die Bewohner des TIPNIS gezwungen, einen 65 Tage lang dauernden, mühsamen Marsch zu unternehmen. Die Neusiedler des TIPNIS stellten sich dem Marsch entgegen, und es gelang der Regierung nicht, den Konflikt zu lösen. Denn zwar war sie vorher internationale Verpflichtungen (im Rahmen der Entwicklungspolitik) eingegangen, bei denen sie versprochen hatte, die Straße zu bauen. Die Teilnehmer am Marsch litten tagelang Durst, es gab Zusammenstöße zwischen ihnen und der Polizei, bei denen diese gewaltsam gegen die Marschierenden vorging. Die Menschen hatten natürlich Angst und waren verunsichert, aber marschierten weiter. Menschen aus ganz Bolivien, aus allen sozialen Schichten und aus allen Gegenden des Landes waren nach La Paz gekommen, um sich mit ihnen zu solidarisieren. Nur die Vertreter der Regierung, waren erst im letzten Augenblick und widerwillig erschienen. Sie wurden gezwungen, einen kurzen Gesetzestext zu unterschreiben, durch den sie sich verpflichteten, die Bauarbeiten für die Straße zu stoppen und einen anderen Weg zu suchen, um dem TIPNIS nicht zu schaden. Diese Straße ist wie eine riesige hungrige Schlange, die von den Regierenden noch gefüttert wird. Niemand weiß, was geschehen wird. Die Bewohner des TIPNIS warten und bitten in der Zwischenzeit zu den Göttern des Regens, des Windes, der Sonne und der Erde um Schutz.

Fragen der Übersetzerin an die Autorin und deren Antworten

Was hat Sie bewegt, die Geschichte der Hexe Walburga zu schreiben?
Ich glaube zutiefst daran, dass es mehr Wege der Begegnung als der Nicht-Begegnung für die Völker der Erde gibt. Deshalb habe ich mir vorgestellt, dass eine in der europäischen Mythologie geborene Hexe bolivianischen mythischen Wesen begegnen könnte. Und dass ich die Wege der Begegnung gleichzeitig bolivianischen und

europäischen Kindern zeigen könnte. Das war immer mein Traum, ein kleiner Stern, der der Erde immer näher kam, bis er dort Wirklichkeit wurde. Immer gibt es wunderbare Menschen, die einem helfen, Träume zu verwirklichen, die dann nicht mehr nur die eigenen sind. Vielmehr können sich Kinder verschiedener Völker in diesem Traum erkennen, sich kennenlernen und zusammenkommen.

Außerdem habe ich in meinem Herzen viele Geschichten aufbewahrt, um sie zu erzählen. Ich habe als Lehrerin an einer Schule gearbeitet, an der ein Mädchen namens Giovanna sich immer wieder Neues ausdachte, um ihre Klassenkameradinnen zu quälen und großen Spaß daran hatte. Trotz aller Ermahnungen und Zurechtweisungen hörte sie damit nicht auf. Deshalb entschied ich eines Tages, sie zu fragen, was sie so traurig und aggressiv mache. Da hat sie mir erzählt, dass ihre Mutter, als sie gerade vier Jahre alt war, plötzlich aus ihrem Leben verschwunden ist. Ihr Vater habe sie zu einem riesigen Portal gebracht und ihr versprochen, sie wieder abzuholen und einen Erdbeerlutscher mitzubringen. Er klopfte an das Portal und verschwand. Als ihr aufgemacht wurde, stand da eine Nonne, die Leiterin eines Kinderheims. Ihr Vater kam nie zurück.

Noch eine andere Geschichte ist auch die einer Schülerin, deren Mutter Straßenkehrerin war, und die immer um 4 Uhr morgens aufstand, um ihrer Mutter bei der Arbeit zu helfen. Dieses Mädchen war in seiner Seele sehr verwundet. Denn als sie eines Tages allein auf ihr kleines Brüderchen aufpassen musste, weil ihre Mutter zum Verkauf aus dem Haus gegangen war, erstickte das Brüderchen. Das Mädchen konnte nichts tun, um ihm zu helfen, um es am Leben zu erhalten. Das Brüderchen starb in ihren Armen. Ich versprach diesem Mädchen, eines Tages seine Geschichte zu erzählen, damit ihr Herz ruhiger werden könne. Denn wenn viele andere Kinder den Schmerz verstehen und mit ihr teilen, kann sie sich verstanden und begleitet fühlen.

Welche Erfahrungen haben Sie mit Ihren Lesern, Kindern wie Erwachsenen, gemacht?
Sehr schöne Erfahrungen. Nicht alle habe ich mitbekommen. Vor ein paar Tagen hat eine Lehrerin mir erzählt, dass ein Mädchen, das den Roman gelesen hat, ihr danach ihre eigene Geschichte in Form eines Märchens erzählt hat, so als sei sie das Spiegelmädchen. Ein anderes Mal hat eine Psychologin einer Gruppe von Kindern in einem Krankenhaus jeden Tag ein Kapitel aus dem Roman vorgelesen. Sie hat erzählt, dass sich die Kinder alle um sie herumgesetzt hätten, und zwar in der Nähe des Bettes eines Mädchens, das nicht mehr sprach und bei dem es niemandem mehr gelungen war, auch nur mit Blicken mit ihr Kontakt aufzunehmen. An einem Tag vergaß die Psychologin, das Buch mitzubringen und schlug daher den Kindern vor, etwas zu spielen. Da schaute ihr das *sprachlose* Mädchen in die Augen und sagte *Hexe* zu ihr. Von diesem Moment an sprach sie wieder.

Auch die Begegnung mit meinem Freund Peter Strack war etwas ganz Besonderes. Er bot mir an, die erste Fassung der *Märchenhexe* herauszugeben. Als das Buch schon veröffentlicht war, fragte er mich, wie ich den Straßenzirkus kennengelernt hätte. Ich hatte noch nie so etwas selbst erlebt. Da nahm er mich mit in einen von

Straßenkindern aufgebauten und aufgeführten Zirkus. Jedes der Kinder präsentierte eine Nummer, doch das Überraschendste war, dass die Vorstellung von einer Märchenhexe moderiert wurde. Im Zusammenhang mit der Kinderliteratur passieren immer wieder wunderbare Dinge.

Warum glauben Sie, dass diese Geschichte für ein deutsches oder europäisches Publikum interessant sein könnte?
Zunächst, weil es sich um eine interkulturelle Geschichte handelt. Aber insbesondere glaube ich, dass die Geschichte eine Begegnung von europäischer und lateinamerikanischer, besonders bolivianischer Fantasie ermöglicht. Und auch, weil alle Kinder dieser Welt lachen und sich vergnügen können, sich bewegen lassen und weinen können und Träume für die Zukunft haben. Vielleicht findet einmal ein deutsches Kind Walburgas verlorenen Schuh in einem bolivianischen Eukalyptuswald in Cochabamba, oder ein bolivianisches Kind erkennt ihn am Blocksberg im Harz
in Deutschland wieder.

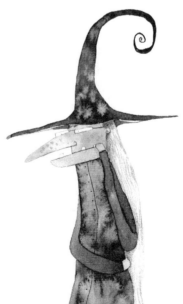

Warum so viele Kinder in Bolivien verlassen sind und wie sie stark werden

von Peter Strack

Warum sind so viele Kinder in Bolivien auf sich allein gestellt? Weil das Land viel ärmer ist als zum Beispiel Deutschland, weil die Hälfte der Bevölkerung Kinder und Jugendliche sind und die meisten Erwachsenen keine Arbeit haben, deren Verdienst zum Leben für eine ganze Familie ausreicht. Darüber, warum Bolivien ein armes Land ist, ist schon viel geschrieben worden. Zum Beispiel von Eduardo Galeano in dem Buch »Die Offenen Adern Lateinamerikas«. Es hat damit zu tun dass die Region nach der Eroberung Amerikas eine spanische Kolonie war. Auch nach der Unabhängigkeit wurde das Land weiter ausgeplündert. Ungeheure Mengen Gold, Silber, Zinn, später auch Kautschuk, Baumwolle, Soja und Erdöl verließen das Land. Aber für die Mehrheit der Menschen im Land blieb davon nichts übrig. In den letzten Jahren

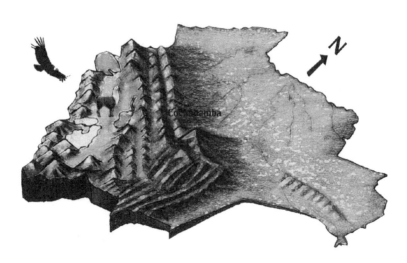

ist das etwas besser geworden, weil die Unternehmen jetzt mehr Steuern bezahlen und mehr Einnahmen den Armen zugutekommen. Aber noch ist es ein weiter Weg, um Not und Ungleichheit zu besiegen. Armut ist aber nicht der einzige Grund, warum Kinder selbst für sich sorgen müssen. Denn sonst müssten auf dem Land, wo viel mehr Arme leben, auch mehr Kinder verlassen sein. Aber in den Dörfern, wo sich die Nachbarn noch kennen und sich gegenseitig helfen – so wie die Teilnehmer des Großen Marsches – gibt es kaum verlassene Kinder.

In den Städten Boliviens jedoch haben mehrere Tausend Kinder und Jugendliche kein Zuhause und leben so wie Cecilia und ihre Freunde in Gruppen auf sich allein gestellt auf der Straße oder in heruntergekommenen Hütten. Manche wurden von ihren Eltern verlassen, die meisten sind aber von zu Hause abgehauen, weil sie geschlagen und anders schlecht behandelt wurden. Es gibt zwar auch viele Heime, wo Kinder aufgenommen werden können, aber manchmal haben die Menschen, die dort arbeiten, nicht gelernt, richtig mit Kindern umzugehen, so wie die Hexenhexe. Anderen fehlt das Geld, um genügend Personal zu bezahlen, das sich richtig um die Kinder kümmern kann. Und so laufen viele Kinder und Jugendliche auch aus den Heimen davon. In der Kinderrechtskonvention der Vereinten Nationen, einem internationalen Gesetz, das auch in Bolivien gilt, steht sogar, dass alle Kinder ein Recht haben, in einer Familie zu leben. Deshalb ist es so wichtig, Eltern, wie denen von Giovanna dabei zu helfen, selbst für ihre Kinder zu sorgen. Deshalb war es so wichtig, dass Giovanna zurück ins Waisenhaus gegangen ist. Nur dort konnte sie ihre Mutter finden. Wenn man die Eltern fragt, warum sie die

Kinder alleine gelassen haben, kann man ihnen helfen, ihre Probleme zu lösen. Viele in Bolivien können zum Beispiel den Arzt nicht bezahlen, oder sie sind noch sehr jung, haben keine Wohnung, keine Arbeit... Andere haben nicht gelernt, sich zu streiten ohne zu schlagen, oder sie kommen vom Alkohol nicht mehr los wie Hilario. Solchen Eltern und ihren Kindern zu helfen, ist meist gar nicht so einfach, zumindest nicht so einfach wie für die sagenhafte Gestalt der Witwe. Und wenn es nicht anders geht, kommen die Kinder ein paar Monate in Pflegefamilien, bis die Eltern zu Hause zurechtkommen und ihr Kind wieder aufnehmen können. Bei den meisten gelingt das. Und wo es nicht gelingt, gibt es immer noch Paare wie David und Julia, die verlassene Kinder als eigene Kinder annehmen. Das nennt man Adoption. Damit verlassene Kinder sicher sein können, in Bolivien eine Familie zu finden, die sie liebt, und nicht in die Hände von Menschen gelangen, die sich ein Kind kaufen wollen oder die Kinder einfach nur weiterverkaufen oder sie hart für sich arbeiten lassen, müssen die Eltern aber gut ausgesucht und eine Zeitlang begleitet werden. Das steht inzwischen sogar in den Gesetzen von Bolivien. Aber auch hier fehlen den staatlichen Stellen häufig das Geld und auch Personal mit der nötigen Erfahrung.

Eigentlich sind alle Kinder, die geliebt werden, Adoptivkinder, sagt Rosalba Guzmán, die das Buch der Märchenhexe geschrieben hat. Denn dass ein Kind gezeugt wird, kann auch ein Versehen sein, aber das Kind als das eigene anzunehmen und sich um es zu kümmern, das ist immer eine eigene Entscheidung. Adoptieren heißt nämlich Annehmen.

Für Eltern, die selbst nur wenig Einkommen haben oder gar keine feste Arbeit haben, ist das allerdings sehr schwierig. In Bolivien gibt es sehr viele solcher Familien, in denen die Kinder und Jugendlichen deshalb mithelfen, Geld zu verdienen. Eines von sechs bolivianischen Kindern und Jugendlichen verdient regelmäßig Geld, das wären vier in einer Klasse von 24 Kindern. Manche fangen damit schon mit fünf oder sechs Jahren an, aber die meisten sind älter. Manche arbeiten nur nachmittags nach der Schule, andere nur am Wochenende. Die einen helfen ihrem Vater oder der Mutter in der Werkstatt, auf dem Markt oder auf dem Acker, andere werden von einem Busfahrer als Ausrufer und Kassierer bezahlt. Viele Mädchen kochen in fremden Familien das Essen, machen sauber, waschen die Wäsche oder kümmern sich um die fremden Kinder. Und wenn sie deshalb selbst nicht mehr in die Schule gehen können, oder wenn sie wegen zu viel und zu harter Arbeit wie im Bergwerk krank werden, dann ist das ungerecht und muss abgeschafft werden. Andere Kinder lernen aber auch bei ihrer Arbeit. Die Straßenverkäufer zum Beispiel üben rechnen und reden. Oder Bauernkinder erfahren von ihren Eltern, wie sie sich selbst später von ihrem Acker ernähren können. Um auf 3.000, 4.000 oder 5.000 Meter Höhe in den Bergen oder in den feuchtheißen Tropen Landwirtschaft betreiben zu können, ohne viel Gift und teure Chemie einzusetzen, braucht man viel Erfahrung. Zumal die Zerstörung der Natur auch in Bolivien zu immer mehr Katastrophen geführt hat, wie die Überschwemmung, bei der Andrés seine Eltern aus den Augen verloren hat. Das Wissen zu bewahren, wie man den Widrigkeiten der Natur begegnen kann, die Eltern dabei zu unterstützen, und das Wissen auch in der Schule an diejenigen weiterzugeben, deren Eltern es bereits verloren haben, darum kümmern sich heute viele Projekte in Bolivien. All das ist auch Teil der Suche nach dem »Land ohne Übel« der Guarani-Indianer im Tiefland oder dem »Sumaj Kawsay«, dem »Guten Leben« im Einklang mit der Natur in den Bergen im Hochland. Und sich zum Beispiel um junge Schafe oder Lamas mit ihrem weichen Fell zu kümmern, kann auch viel schöner sein, als mit Barbies oder Playmobil zu spielen. Es geht darum, bei der Arbeit Spaß zu haben und etwas zu lernen, etwas zu tun, was die Kinder mögen und was sie gut können, wie die Gruppe um Cecilia im Zirkus. Den Straßenkinderzirkus, den Rosalba Guzmán gesehen hat, nachdem sie die Geschichte zu Ende geschrieben hatte, gibt es leider nicht mehr. Aber viele andere Projekte, bei denen Kinder lernen, mit Musik Geld zu verdienen, oder Kunsthandwerk herzustellen, bei denen sie Hilfe bekommen, um ihre Hausaufgaben machen zu können, oder wenn sie krank werden und die auch die Eltern unterstützen, damit die Kinder nicht auf sich allein gestellt sind. Die Mitarbeiter von terre des hommes staunen dabei immer wieder, was diese Kinder und Jugendlichen alles können und wie viel Fantasie sie entwickeln, um irgendwie an Geld zu kommen. Davon geben die meisten einen Teil zu Hause fürs Essen ab oder sie bezahlen damit zum Beispiel das Material für die Schule. Und damit nicht nur sie selbst es besser haben, sondern alle arbeitenden Kinder, haben sich Kinder und Jugendliche in vielen Städten Boliviens in Gruppen zusammengeschlossen, um gemeinsam etwas zu tun. In Potosí zum Beispiel haben die Lastenträger am Busbahnhof für Rampen gesorgt, damit sie leichter mit ihren

Sackkarren zu den Bussen kommen. Sie bemühen sich um eine kostenlose Behandlung, wenn sie krank werden, und sie ermuntern Kinder, die die Schule verlassen haben, um Geld zu verdienen, wieder in die Schule zurückzukehren. Und sie haben zusammen mit den Organisationen arbeitender Kinder in anderen Städten einen Gesetzentwurf erarbeitet, der, wenn er von den Erwachsenen im Parlament verabschiedet wird, einmal alle arbeitenden Kinder schützen soll, egal wie alt sie sind und egal ob sie organisiert sind oder alleine. Trotz aller Schwierigkeiten sind es starke Kinder, sie sind wie Cecilia, Giovanna oder Andrés. Und sie werden stärker je mehr Liebe und Unterstützung sie erfahren, so wie der kleine Daniel von der Hexe Walburga.

*

Aktiv werden

von Hans-Martin Große-Oetringhaus

Zahlreiche solcher Hilfen und Projekte werden von Deutschland aus von der Kinderhilfsorganisation terre des hommes unterstützt. Jede und jeder kann dabei mithelfen, Erwachsene wie Kinder. Schülerinnen und Schüler können sich zum Beispiel im Rahmen der *Aktion Schülersolidarität* engagieren und konkrete Projekte unterstützen. Oder sie können sich in KinderrechtsTeams zusammenschließen und sich fantasievolle Aktionen zur weltweiten Durchsetzung der Rechte der Kinder ausdenken. Oder sie können sich am Aktionstag *Straßenkind für einen Tag* in die Lage von Straßenkindern versetzen, sich und andere über sie informieren und für Straßenkinder Geld sammeln. Möglichkeiten, aktiv zu werden, gibt es viele. Man muss nur damit beginnen. Mehr Informationen über die Arbeit von terre des hommes findet man bei www.tdh.de und Ideen für Unterricht und Aktionen dort unter dem Button *Schule.*

terre des hommes
Hilfe für Kinder in Not
Ruppenkampstraße 11a
49084 Osnabrück

Telefon 0541/7101-0
Telefax 0541/70 72 33
eMail   info@tdh.de
Internet www.tdh.de

Spendenkonto
700 800 700
Volksbank Osnabrück eG
BLZ 265 900 25